# 辣妈心计

The Happiest Mom

## 成为幸福妈咪的10个秘密

[美] 梅根·弗朗西斯 著
Megan Francis
子羿 大星 译

河北出版传媒集团
河北科学技术出版社

# 幸福就在不远处

有了孩子我幸福吗？当然！我对孩子们的爱，比我对棉花糖和奥兰多·布鲁姆的爱加起来还要多！那么，有了孩子之后我比从前更幸福了吗？这个嘛，不好说。也许你跟我有一样的感受：孩子们给我带来很多欢乐，这是毫无疑问的。可是妈妈这个角色意味着每天要面对各种麻烦事——一会儿鞋带又断了，一会儿刚刚做好的三明治在地上被踩碎，花上几个小时去安慰我那痛哭不已的6岁女儿，因为她的姐姐说我们每个人的身体里都藏着一个骷髅——这让所谓的幸福变得像是树梢上的金苹果：看得见，摸不着。

这也是为什么当我遇到本书作者梅根的时候，我会立即发现她的与众不同：5个孩子的妈妈，却实实在在享受着当下的生活，从头到脚焕发着幸福的光彩。当我读到这本书的时候，我也捕捉到了与她本人一样独特的东西：一种由为人父母的身份而点燃的激情。在我们的妈妈和奶奶的时代，没有这么多让人眼花缭乱的育儿经，从给孩子喂食到帮孩子裹尿布，几乎每件事都有一个唯一正确的标准。如果你努力达到了标准，那么恭喜啦！人们会认为你是称职的母亲，你拥有幸运的孩子甚至完美的生活。如果你没有达到标准，那么你就会成为一个被社会所非议的人。（还记得吗，多年前那些用母乳哺育孩子的妈妈被称作变态；然后过了几年，哪个妈妈如果不喂母乳又会被称作变态。真是变态！）

在过去的这十年中，各种妈妈经、育儿经呈现井喷之状：妈妈们写下育儿过程中的艰辛，探讨着生活之道。那些专家们笔下关于孩子在公共场所尿裤子的经验分享，以及所有育儿书中所传达出来的信息：“当妈妈真是世上最艰难的事，幸运的是你不是一个人"，确实给予很多顾影自怜的妈妈以力量。与此同时，对妈妈这一身份的过分渲染，对育儿之艰难的一再强调也有点泛滥了。归根结底：养育孩子就意味着没完没了的艰辛与沮丧？如果是这样，那么人类是不是早就该灭绝了？

**在为人母的道路上你会犯错误。最不可原谅的错误就是不去原谅自己的错误。**

本书的可贵之处在于，不走极端。作者把自己的切身经历以及所提炼出的宝贵经验娓娓道来。不仅如此，书中还融合了来自 Parenting.com 妈妈论坛里众多妈妈的声音。《父母》杂志是美国最权威的育儿杂志，我们的编辑团队从不相信、将来也不会相信世界上有"完美父母"这回事，你更加不需要变得完美才能去获得快乐和幸福。这也是梅根的观点。是的，我们都会犯错误，但是最不可原谅的错误就是不去原谅自己的错误。

妈妈，是个了不起而艰难的职业！但这也是世界上最奇妙、最独特、充满惊喜的职业。如果你想知道梅根通往幸福之路的第一把钥匙是什么，我可以在这里先剧透给你：保持自信，保持感性，保持简单。翻开这本书，你会看到梅根是怎么做到的。而你，也即将可以做到。那棵高高的树上挂着一枚金色的苹果，看上去可望而不可即——搬一把梯子就可以了嘛！相信我，甜蜜的幸福就在你的不远处。

黛博拉·斯科尔尼克

美国《父母》杂志高级编辑

# 妈妈不快乐，宝宝不幸福

曾经在网上看到了一组图片，非常有意思，一个公狮子在成为父亲之后的种种遭遇：头发乱乱糟糟，母狮子的疏远或无端的发怒，小狮子在他的身上抓来抓去……昔日的雄风丝毫无存，只因为它成为了一个奶爸。在图片之后，有一段文字：你还想要孩子吗？

还有一次，我看到电视上播放了一期综艺节目，节目设置了一个辨题——“有孩子好吗？”甲方的辩手们都是有了孩子的父母，他们振振有词，强调孩子给了他们太多的人生馈赠；乙方都是丁克或者独身者，他们滔滔不绝，强调孩子是自由的谋杀者，没有孩子才能活出自己的人生。

**要孩子一方面是辛苦的，一方面却是幸福的。如何将辛苦的部分转化成幸福的部分，是一个值得探讨的科学育儿问题。**

中国有句老话：“不养儿不知父母恩。”这句话其实说得挺委婉的，潜台词是什么呢？也只有年轻的父母才能体会。要孩子一方面是辛苦的，一方面却是幸福的。如何将辛苦的部分转化成幸福的部分，是一个值得探讨的科学育儿问题。我一直在各种场合讲父母的教育分工，父亲与母亲一同参与育儿，既对女性是一种解放，也对孩子健康人格的形成有重要的意义。我的观点得到了很多妈妈与早教工作者的支持。有意思的是，我在出版《奶爸经》的时候，电视上也开始热播《爸爸去哪儿》等综艺节目，一时间奶爸成为热词，奶爸热席卷了时尚界、早教圈、旅游业，直达每一个家庭，更像是一种家庭教育的革命。爸爸在家庭中的角色在转变，爸爸在家庭中的责任被放大，甚至有些“砖家”喊出了爸爸的作用大于妈妈的作用。就在这个时候，很多年轻妈妈陷入了新一轮的困惑，到底谁是育儿第一责任人？谁对孩子的影响更大？谁是教育的主导者？或者说教育听谁的？

也正在这个时期，我接受了包括新华社、《中华家教》杂志等多家媒体的采访，希望我能够正面回答一下大家纠结的问题。我的观点是母亲的作用是最大的，母亲是早期教育的组织者与发号施令者，父亲是示范者与亲子关系协调者。此时我又有幸接触了梅根的这本书《辣妈心计》，在通读的过程中，我感到有一种如遇知音的感觉，对她的真知灼见非常佩服。她是一个经过离婚又复婚，先后拥有5个孩子的母亲，她的这段曲折经历非但没有让她怨天尤人，反而在字里行间处处体验了她的乐观、积极、放松与智慧。

如今育儿书铺天盖地，良莠不齐，她的风格确实让人眼前一亮。她的开篇就非常吸引人，她说：人们对妈妈这一角色要求成千上万，就是没有“快乐”这一条。母亲的快乐情绪会直接影响儿童幸福人格的建立，这是一条被越来越多心理学家、教育家证实的真理。是的，就如你想象的那样，她关注了女性的内心需要，而且这个需要恰恰是科学育儿的基础：我们经常站在效率的角度，站在全面发展的角度，站在经验的角度，我们却忘记了站在自己的角度，或者说适合自己的角度。梅根在她的书中多次提到了“没人逼你做女强人，也不必给自己徒增压力。”“妈妈不做万事通”“妈妈要寻找自己的方式教育孩子”。这些简单的话语透露出了她的自信与勇气，其实这份从容的背后却是科学的育儿方法。

她的写作风格非常干练潇洒，她的行文却又是字斟句酌。我发现了她给人的放松感一方面来自于达观的境界，而另外一方面她有着自己的育儿思路，我把它称为“要点育儿法”，她在生活的方方面面总结出了育儿要点，只要注意这些要点，其他的方面可以放宽或灵活处理，这也恰恰是梅根轻松快乐的源泉。

见字如面，倍感亲切。相信这份来自远方的智慧，可以帮助我们年轻的妈妈成为快乐的母亲，让我们的孩子们成为未来幸福的人。

刘勇赫
著名亲子教育专家、心理作家
科学父母俱乐部创始人
著有畅销书《奶爸经》《孩子独立靠父母》等
先后在幼儿园、小学、初中高中担任心理教师

# 做快乐的妈妈，更要做快乐的自己

提到“辣妈”这个词，我第一时间想起的是什么呢？对，就是那位身材火爆、衣着光鲜亮丽的“维多利亚”，或者是时尚而率性的小 S。这样的“辣妈”是多少妈妈们所期盼的，然而这是辣妈外在的表现。而今天我要谈论的是深层次的“辣妈”，她的内涵不仅包括时尚的态度和优雅的外貌，还包括，或者更重要的是，内心的充实和快乐，以及保持自我、掌控生活的能力。

由于从事心理咨询这个职业的关系，我经常会接触到各行各业的妈妈，她们有些是各个行业的“中流砥柱”，是忙碌而强势的企业中层管理者或者意气风发的专业人士，有些是把全部心思都放在家庭事务和孩子教育上的全职妈妈。不论妈妈们是怎样的地位、职业，她们所遇到的共同的困惑就是如何“管教”好自己的宝贝。于是妈妈们找来形形色色的育儿理论和书籍，但是在令人眼花的各种育儿方法里选来选去，很多妈妈们也越来越感到不知所措，该用哪种方法应对宝贝儿的各种挑战，到底用得对不对？其实不论教育孩子的心理学方法有多复杂，万变不离其宗的一个硬道理就是：妈妈的情绪与心态直接影响孩子的状态，但是这种充实和快乐的获得需要妈妈们付出聪明才智之外，也要学会管理好自己的情绪，把自己的情绪调到快乐的频道，然后才会养育出快乐、乐观、健康向上的孩子。反之没有管理好自己情绪的不快乐的妈妈必然会导致问题儿童的出现。

记得前一阵，有一位非常优秀的女性也是一位妈妈来咨询：她的女儿上小学了，但是开始叛逆了，尤其在写作业时越是着急让她快点她就越慢。于是这位妈妈就对孩子喊、训斥、惩罚，都不起到任何作用，反而更加慢了。母女之间日常的矛盾也增加了。深入了解发现这位妈妈是个对孩子要求非常高的人，所以看到女儿的学习和行动达不到她的要求就非常生气，不耐烦，结果她的这种负面情绪使得管教是无效的。给她一些管理自己情绪的建议之后不久，这位妈妈来电话说她和孩子的关系好多了，女儿做作业也比以前快多了。从这个案例我们可以看出做一个快乐的妈妈和养育一个快乐孩子之间有着多么密切的关系呀。

但是，并不是每个人都可以在出现问题的时候及时找到心理专家进行咨询，也不是每个家庭都能够充分地理解与支持妈妈们在自身情绪管理方面去单独进行学习和进修。我也相信，一两次的心理辅导并不能从根本上扭转当代妈妈们的困境。由于这个原因，在看到《辣妈心计》这本书的时候，我感到很欣喜，甚至觉得读者们很幸运，因为对妈妈们自身的关爱，终于来了。这本书在实际操作的层面上提了很多有效的建议，也许并不是每一个建议都有很深层次的理论依据，但是的确很贴近生活，稳扎稳打地告诉我们，如何才能实现自己的快乐。“心计”这个词我很喜欢，当妈妈的不妨要一些“心计”，来为自己升升级，那么你的孩子、你的全家都可以在你的“心计”之中受益。

因此我建议妈妈们先抛开自己“妈妈”的身份，只是作为纯粹的自己来读一读这本书。学习成为一个快乐的自己，好好地爱自己，这样才有能力和能量，去爱你的孩子和你的家人。又回到开头所提出的“辣妈”概念。我认为：一个名副其实的辣妈，必然是一个快乐的妈妈，也一定是一个快乐的自己，两个因素缺一不可。

除此之外，我还想跟读到这篇序言的妈妈们提一些“快乐养成”的建议：

**高专注力的妈妈是快乐的。**多种身份的交叠让我们心力交瘁，带孩子玩儿的时候想着工作的事情，外出逛街的时候担心家里的孩子……从心理学的角度上来讲无法专注于事情本身是苦恼和困扰的来源之一。当你学会专心：专心地跟孩子玩耍而享受到天伦之乐，专心与闺蜜聚会而享受到休闲的愉悦，专心地工作而享受到成就感。那么你就会发现，所有专心时间的累积，成就了你每一天的快乐。

**接纳现实的妈妈是快乐的。**“维多利亚式辣妈”是个理想状态，如果一味追求它就会陷入到无尽的烦恼之中。拒绝接受现实的妈妈总是手足无措，这是非常不明智的。接受自己身份的转变，接纳自己生活每个阶段的必经历程，你会发现所有的改变都会成为人生甜蜜的回忆。

**不失去自我的妈妈是快乐的。**孩子是上天赐予妈妈最美的礼物，但并不是女性抛弃自我的理由。保持自我，让自己在养育宝贝的过程中变得更美，这才是为人母的真谛。一旦做到了，你会发现，你并没有失去属于自己的快乐，反而得到了更加充盈的人生。

**不奢求完美的妈妈是快乐的。**完美的状态是什么？答案见仁见智。其实完美并不是事物本身，而是观者要完美地去欣赏而产生的效果。当妈妈们学会欣赏孩子、欣赏自己、欣赏家人、欣赏生活……而不是去刻意苛求某一个点上的“完美”，快乐才会围绕着你。你也会发现，所谓的“完美”会悄悄地抵达你的内心。

韩海英
中国科学院心理学研究所博士后
中国心理学会注册心理师
《健康时报》特约心理专家评论员

# 1

# 轻松快乐至上

做一个“幸福快乐”的辣妈？人们对妈妈这一角色的要求成千上万，就是没有“快乐”这一条，以至于除了唱起生日歌的时刻，你都忘了自己还要“快乐”了。你想要快乐吗？废话，谁不想呢？

事实是，当爱情拥有了结晶，也就到了毫无浪漫可言的阶段。“升级”成为妈妈，不光意味着每年的 5 月你可以心安理得地要别人送你一束康乃馨，还要承担抚养孩子过程中的一切琐碎杂务，说直接点儿吧——你每天要面对的都是熊孩子的屎和尿。一边面对纷繁的社会压力，一边要做个“合格”的妈妈，能活着就已经算不错了！还想快乐？喝多了吧？慢着，我完全理解：生宝宝、养孩子是极富挑战性的人生经历，“妈妈”是一种令人筋疲力尽又时常沮丧的“职业”。有的时候你真恨不得把这个孩子塞回肚子里去，或者自己干脆爬回妈妈的肚子里去躲起来。

**没人逼着你做全年无休的女超人，也不必给自己徒增压力。**

在你把自己逼疯之前，不妨先来听听我的看法：没人逼着你做全年无休的女超人，也不必给自己徒增压力。依我的经验，我们完全可以尝试去学习一些方法，去应对那些难搞的事，放下不那么重要的事，适应自己的角色，享受为人母的生活。不管你把这些方法称作投机取巧也好，旁门左道也罢，我绝对相信，每个人都可以成为真正幸福快乐的妈妈。这就是我写这本书的目的。

我并不想标榜自己做得多么好，或者我有多么快乐。当我头两个孩子还很小的时候，我常常幻想着能从监牢一样的家里逃出去，跟着全国巡演的马戏团私奔，或者去参加任何一个肯收留我的组织，只要能逃离我的生活。家里每件事都让我焦头烂额，我还要为孩子的成长负责，在面对孩子的时候我常常焦虑地想：我该怎么做？我为孩子做出这种选择究竟是对还是错？随后，我和我的丈夫又有了更多的孩子（我们一共有 5 个孩子）。这时候令人意想不到的事情发生了，我并没有变得更加慌乱不安和压力山大，反而越来越放松，越来越自信，越来越快乐。经历了各种高潮和低谷、做了很多尝试、犯了各种各样的错误之后，我已经找到了一些方法和策略——有的是顺理成章的经验总结，有的则是灵光一现，而这些方法和策略帮助我不断调整成为一名既称职又快乐的妈妈。如果你自己都不快乐，那么你付出再多也谈不上“称职”，不是吗？

在这本书里我会把自己所领悟到的心得和体会一一与读者分享，同时我还会分享来自美国《父母》杂志的编辑们以及读者的观点。要想把自己从焦头烂额的黄脸婆状态中拯救出来，成为“里子”和“面子”都很幸福快乐的辣妈，我总结了十大秘诀。第一条也是最根本的一条就是：放轻松！图省事、寻找捷径并不是错。

当妈妈本身就不是一件轻松的事儿，更何况还想要做一个幸福的辣妈，这可不是一蹴而就的事儿。当你喜欢做一件事，这件事所带来的所有琐碎都不是问题了。而带孩子所必须面对的琐碎又是另外一件事。打个比方来说，你一遍一遍不厌其烦地教孩子系鞋带，等某一天买不到合适尺寸的魔术贴童鞋的时候，我们就不用一天弯腰七八次为他们系鞋带了。这种事是没有捷径可走的，不是吗？

无论是给儿子缝衣服还是自己布置野餐桌，如果你用麻烦的方式所做的事能给你带来满足和喜悦，或者让你感觉更好的话，我就不和你理论了。现在和你谈话的这个女人真的

**辣妈心经**

“以前，我总是认为应该给我儿子的生日派对准备特选礼包。有一次，我开车走了三十二公里去一家教师用品商店，就是为了确保买一件‘教学’玩具。今年，我丈夫和我儿子随便到一家派对商店买了蜘蛛侠玩具。让我既震惊又松了一口气的是我儿子根本不在乎那玩具是怎么买的。”

## 辣妈心经

“让我的生活变得更加轻松的一件头等大事：不参加学校野外旅行。我向来不喜欢野外旅行，但是以前我认为我不得不参加。老师们也期待学生家长的志愿参加。我觉得不能说‘不参加’。直到有一次，我的确拒绝了。我说‘我不去’。孩子们玩得很开心，一点都没有想我。”

很喜欢洗衣服，叠尿布。嘿，因为这让我快乐。

我们可能都做过一些让自己殚精竭虑又没有一个合理理由的事情。在你的生活中有没有一些事情的难度超出他们本来的难度？如果你发现本来你的孩子午餐吃个炒米饭就很满意了，你却为她准备了四星级酒店级别的午餐；如果你坚持要拉蹒跚学步的宝贝去参加图书馆拥挤的故事会，而其实你们俩都想在床上舒舒服服地读故事。那么这些事的必要性都需要重新考虑一下了。

我承认：有时候我做事的方法是为了给其他妈妈留下好印象（或者至少看起来不是个失败者）。例如有一次我花了一上午时间烤了健康无糖的曲奇给孩子的游戏小组，而不是去超市买盒普通的饼干。我本可以更轻松些，带一大串香蕉——同样健康，还不那么费时。

记住有些事（例如用牙签、水果泥、苏打水和薄荷糖帮女儿做火山）从技术层面来说我能做到，并不意味着我们就应该做。

你明白我的意思了吗？每当你做某事感觉困难的时候，稍微想一想，问问自己有没有更简单的方法。如果我们仔细审视自己做事的动机，剔除费劲的因素，我们就能专注在真正重要事情上，心无旁骛。

我们来看看一些妈妈时常感到“受折磨”的原因——完成6页上的测试，看看什么原因拖了你的后腿——以及为什么可以选择更省力的方法。然后，阅读后面章节的前言，这样你就能想想哪章对你最有益。每当在你做某事感觉很困难的时候，停下来想一想，问问自己有没有捷径可寻。

# 对妈妈来说什么才是重要的?

没有任何人比《父母》杂志更了解这个问题的答案了。该杂志召集了一个由来自全美国各地的妈妈们组成的小组，她们中有新晋妈咪、单身妈妈和婚姻幸福的妈妈，该小组名为妈妈联谊会。在《父母》杂志进行妈妈心理状态研究和调查“让妈妈们幸福快乐的原因”过程中，提供了宝贵的实际经验。

在这项参与人数超过 1000 人的调研中，妈妈们就令她们满意或不满意的因素列出了 60 项，包括家庭关系、财务状况等等。结果显示，对我们的幸福感产生最关键影响的五大因素是：

- 与配偶的稳固关系（或者对于单身妈妈来说，令人满意的“性福”生活）
- 对未来积极乐观的态度
- 相信我们抚养的孩子幸福快乐
- 在家里和工作中所作出的努力得到认可
- 有亲戚、朋友坚定的支持

## 快问快答

### 你的动力是什么，妈妈？

**什么让你束手束脚？什么拖了你的后腿？通过我们的测试，你会发现通往自由的道路！**

**1.** *在照顾孩子的过程中，最沮丧的时候你会怎么想？*

**a.** 踌躇不定。我想做出正确的决定，但是我却不知道正确的决定是什么。

**b.** 筋疲力尽。照顾孩子有各种各样的事要做，而自己的标准又很高。

**c.** 泰山压顶，忙不过来。

**d.** 愤怒不平。似乎没人关心我的需要。

**e.** 寂寞孤独。无人分享负担。

**2.** *家里可能出现以下哪种妈妈危机？*

**a.** 三岁的宝贝似乎还没准备好学习怎么使用便盆，保姆就开始施加压力了。

**b.** 上四年级的女儿第二天有独唱表演，头天半夜你为她的表演服缝亮片。（没有闪烁尾巴的小美人鱼还是美人鱼吗？）

**c.** 你的女儿需要出生证明才能注册参加夏令营。就是今天，今天就要！然而，你却想不起来到底放在哪儿了——或者夏令营注册表，反正你就是找不到想找的东西了。

**d.** 你要和朋友出门（多难得啊！），但是儿子却提醒你他要上空手道课。

**e.** 你的小婴儿发了高烧，不停哭泣。他需要尽快接受紧急护理，这事很急，但你找不到人帮你照顾才满 3 岁的老大。

3. *以下哪句话最有可能出自你之口？*

a. “我不知道，你怎么想的？”

b. “但是我必须做这件事！”

c. “哦，不，我忘了！”

d. “我想我会改变计划。”

e. 除了孩子没人和你说话。

4. *你如何形容跟老公单独出去约会的夜晚？*

a. 焦躁不安。担心选对保姆了吗？孩子到了能够单独交给保姆带的年龄了吗？

b. 心不在焉。一边谈着孩子和工作，一边还想着水池里没洗的餐具。

c. 干脆取消。完全忘记了定好的家长会。哎呀！

d. 稀奇罕见。为了孩子总是有做不完的事，根本没有什么夫妻独处的时间。

e. 弥足珍贵。很有趣！只有晚上出去约会的时候才没有人让你替他擦嘴巴（嗯，也许有时也会有吧）。

5. *当你想做你喜欢的事，例如从事一个爱好或者读本书的时候，你最大的障碍是什么？*

a. 你用仅有的闲暇时间读完了《父母》杂志上的一页文章——这是你当前的头等大事。

b. 整理房间和按时处理孩子们的事占去了你所有的时间。

c. 闲暇时间总是突如其来，你一下子无法适应，要花心思去找事做——等你找到，闲暇时间都要结束了。

d. 如果你真有“闲暇时间”，不应该把每一分钟都花在孩子身上吗？

e. 你想找人看场电影或喝杯咖啡，但是却找不到合适的人。

**测试结果**

也许你的答案 A、B、C、D 全都有，或者大多数为统一的字母选项。我们大部分人都可能从每一个分类中学到点东西，所以我们来看看你的答案意味着什么。

**多数选 A：**你的障碍是缺乏自信。从某种程度上来说，对于孩子的事，你要相信直觉，果断决定。

**多数选 B：**嘿，放松！为人父母并不是一项竞技运动，你也不必非拿金牌不可。

**多数选 C：**简化生活可以减少混乱。也许在生活中学会“断舍离”是个不错的主意。

**多数选 D：**孩子需要你，冰箱里过期的肉需要你，洗衣篓里的脏衣服也需要你，那么你的需要又在哪里呢？

**多数选 E：**你需要支持——需要有人帮你分担抚养孩子的重担。

无论你的答案如何，本书中的真人真事和处事秘诀都能对你有所帮助。以下为各章节的“剧透”。

## 放慢生活节奏

在第二章中，我们将通篇讨论如何调整对自己、孩子、配偶以及整个世界的期待。你对自己是否有超高的期待，或者承受着来自他人给你的压力？无论是哪种情况，如果你时不时对自己放松点要求，你就会松一口气了。我不会建议你完全放弃自己的标准，但是你会发现放慢生活节奏，设立切实的目标的确能帮助你为整个家庭增加幸福感。

## 听从直觉声音

许多育儿专家说过的话我确实当真了，尽管有时候他们的建议与我的直觉不一致。例如，一本很流行的育儿手册上建议不管新生儿哭得多厉害，不管他多饿，也不管妈妈有多不舒服，必须遵守每隔四小时给他喂一次奶。我曾经试过一次，但是到了第三个小时的时候，我的宝贝已经哭得歇斯底里了，我也满眼泪水。

有些“专家”建议几乎算得上是荒唐的。有一次在杂志采访过程中，一名心理学家告诉我，父母应该训练一只鸟在不会爬的婴儿面前跳，诱导孩子跪着爬行（当时我怀疑他就是让布谷鸟带大的）。没人比你更了解自己的孩子。在第三章中，我将介绍一个策略培养你成为育儿大师，让你充满自信，果断决策。

## 回归真我个性

有宝宝之后你就变了，但是你还是你。本书第四章将带你认识和接受新身份带给你的积极改变，庆贺当了妈妈的你变得更加了不起了。有了宝宝你才有机会去尝试某些新事物，而且说不定你会喜欢它们呢！虽然如此，但你仍然容易掉进拿自己与其他妈妈相比的陷阱里。例如：有的妈妈喜欢教孩子打垒球、烤馅饼或者挖钓鱼用的蚯蚓，这可不是所有妈妈都喜欢做的事。也许，你是最会说笑话的妈妈，或者总想捧着一碗麦片粥（你就承认吧）蜷缩地坐在沙发里。

## 筹建后援团队

有时候我们这些当妈的人认为我就该自己有能力打理生活，或者感觉我不得不自己应对。我们可能排斥寻求帮助，或者感觉连寻求帮助的时间都没有。

### 辣妈心经

“我给儿子、女儿一起洗澡，用微波炉解冻蔬菜，有时候让孩子们穿着衣服就睡了。每个月有那么一两个晚上，我称其为‘混搭夜’，晚餐就吃粗粮和速冻饺子。孩子们很喜欢，但我却很内疚。但是我宁可内疚也不想有压力！”

**辣妈心经**

“如果你有孩子，想事事尽善尽美就好似试图在暴风雪中铲雪一样——根本行不通！我不会把自己逼疯！”

也许因为我们的朋友也一样忙，所以我们无人可求，其他家人离得还远。我最不开心的日子也是我最孤单的日子，这绝非巧合。你知道需要朋友是一回事，开始着手建立朋友圈则完全是另外一回事了。和别的妈妈成为朋友可不像去邻居家喝杯咖啡那么容易（尽管如此，带上低脂美味的小松饼会增加你交友成功的概率）。本书第五章将讨论如何轻松获得支持和友情的方法以及安排自己的玩耍、约会时间等。

## 保持自然心态

如果你把每天每个细节都计划好了，你就无法处理突发事件或者改变主意了。完全跟着感觉走也并不总是好的。但有趣的是有些规划能帮助你未雨绸缪，应对新情况。本书第六章将讲述如何灵活安排，平衡生活，培养顺其自然的能力。

## 营造舒适空间

如果每天尽是找不着球鞋，家长联络簿又不知道落在哪个犄角旮旯，饭前一团糟的情况（那个小仓鼠又跑哪儿去了？），那你就很难有机会带孩子出门散步了。关键是要找到让你抓狂的原因——成堆的没读的报纸，还是水槽里的牙膏。在第七章中，我们将讨论如何解决令人抓狂、止步不前的事情，提高你的幸福感。

## 谋划未来生活

你是个有想法，但是一说到细节就踩不到点上的人吗？你会踏踏实实去解决每个问题，但是却忘了后退一步纵观全局吗？你是个看情况解决事情的人吗，例如工作和家庭发生了冲突？尽管所有的父母都会适时做出调整，但是你还是要有一个大方向，这样你照顾起孩子来就有明确的目标而不会恐慌了。

# 说“不”的五个方法

从圣诞节舞会到为毕业班学生制作手工礼品，妈妈会被要求帮各种各样的忙。如果有人要你帮忙，你又不便说：“对不起，我没时间。”以下是另外五种婉言“拒绝”的方法。

1 **不是那个，而是这个：**“对不起，我不能整个星期都帮你看阿布，但是我周二有时间。”

2 **把责任推到他人身上：**“我想周四来会场帮忙收拾东西，但是那天晚上我丈夫加班。”

3 **让我好好想想：**“参加野餐旅行听起来很有趣，但是我得先搞定照顾孩子的问题。我回头再告诉你答案可以吗？”

4 **我的优势在别的方面：**“你知道，关于选择捐赠品参加学校的缄默拍卖会，我不是合适的人选。我倒是更擅长设计宣传单。”

5 **别承诺，保持开放态度：**“我想我帮不上忙，但是如果能帮我一定帮。”以后你的任何帮助都会是意外的惊喜。

妈妈们忙的时候就需要管理时间的技巧，这样精心制作的计划就不会像没及时吃掉的棒冰一样化为一摊恼人的水了。第八章中我们将帮你找到日常生活节奏，充分利用时间，因人而异制定有针对性的计划。每完成计划中的一件事都会提升你的幸福指数——想想完成你所计划好的事情是多么令人满意的事啊。未雨绸缪还能避免突如其来的危机，让你更加轻松从容地面对突发事件。

**做一个幸福快乐的妈妈就是做你自己，不是别人眼中你应该是的那个样子。**

## 重拾儿时梦想

自私一点没什么大不了的。在条件不允许的情况下，即便是最简单的事也会变成烦人的琐事。你也是个人，也有需求（想有充足的睡眠）和愿望（想想“都教授”——嘿，我们说的是“愿望”，不是“将要得到的东西”）。花时间和精力保证自己的健康跟确保家人的健康同样重要。

你是不是就对付着孩子吃剩的汉堡和可乐当午餐，而不是正经吃一顿？每天重复抱起、放下孩子就是你唯一的运动吗？你最后一次读给成年人写的书是什么时候？本书第九章将告诉你如何关注自身以及如何找时间践行这一想法。

我鼓励你关注自己的健康，包括心理健康状况。希望本书能够帮助每一位读者都成为更加幸福快乐的妈妈。尽管如此，如果你一直觉得心情低落或者焦躁不安，抑或你的直觉告诉你的感觉不对，请及时就医。

抑郁症的症状因人而异。有的人反应可能是易怒，有的人反应出的症状可能是难于集中精力。产后抑郁症尤其具有独特的症状，例如感觉缺乏与宝贝的情感联系。研究显示得抑郁症的妈妈接受治疗对亲子间沟通来说有积极的影响，所以记住寻求帮助对家人的健康状况也是十分重要的。

## 提升“性福”指数

《父母》妈妈联谊会将“性福生活”列为妈妈幸福快乐的首要原因（见5页）。毫无疑问，如果夫妻关系稳固，你定规矩的时候就会有人挺你，你家的小朋友突然发个誓的时候就会有人和你一起乐。本书第十章将讨论如何培养这种关系，让你们无论是作为父母还是夫妻都能保持统一战线。但是如果你是单身妈妈，某种程度上你也希望爱情再次回到生活的中心位置。

## 什么对你最重要

如果你像我一样，我猜你知道在某些方面你可以借助一点小小的帮助获得幸福快乐。我知道你考虑的事情很多。你可以不按先后顺序地随意地阅读本书，可以从最吸引你的章节开始读起，然后由浅入深。

做一个幸福快乐的妈妈就是做你自己，不是别人眼中你应该是的那个样子，放轻松享受孩子带给你的快乐，享受生活，不用顾虑重重。在本书中我列举很多观点，希望能对你有所启发，跳过那些“应该做的事”和内疚，成为你心目中理想的妈妈。

循序渐进，我们会帮助你区别哪些事情才是对你真正重要的，哪些是不重要的。我们将制定一个计划帮助你提升自信，根据自己的真实所想去做出“拒绝”或是“同意”的决定。在此过程中，你将知道如何从“妈难当”的状态向“没事偷着乐”的状态去转变。

### 迈出第一步

当你为淘宝账户或者公司里新安装的办公系统设置新密码时，不防选择一句简短的俏皮话儿；或者把密码问题设置成一个能逗得你哈哈大笑的脑筋急转弯。这样每当你登录，就会控制不住地嘴角上扬，好心情不期而至！

# 2

# 放慢生活节奏

阿布，我的第一个孩子，从小就乖巧懂事。一次，我们一家三口在饭店吃饭，其他桌的小孩们吵吵闹闹，打翻碗筷各种捣蛋。而阿布就像个小天使安静地吃着美食。我欣慰地跟老公说："瞧，咱儿子多懂事。"当时我自豪地认为，我这个当妈的教子有方。

几年后，二儿子小克的出生，就像一颗炸弹把我们平静的生活搅得一团糟。平日里，他高兴的时候兴奋地大叫，不高兴就歇斯底里地大哭。他手边只要有东西，捡起来随手就扔。会爬以后更麻烦，有一次，他自己从屋里一直爬到了马路上。这个孩子太闹心了，折磨得我轻生的念头都有了。

我不明白为什么就搞不定这个孩子。甚至有点怀疑，小克是不是有多动症。难道让一个顽童坐在高脚椅上安静地吃会儿饼干很过分吗？答案是——确实是过分的。

**做妈妈之前，内心总是预设一个理想的宝贝，可是当现实和预期的有差距的时候，就开始暗自悲伤、不停抱怨。**

做妈妈之前，内心总是预设一个理想的宝贝，乖巧可爱、听话懂事。可是当现实的宝宝和预期的有差距的时候，就开始暗自悲伤、不停抱怨。

通过与妈妈们交流，我才发现小克的行为，完全符合他这个年龄段孩子的表现。其实是哥哥阿布乖巧的性格，把我蒙蔽了。

当梦想的宝宝成为现实，那自然是最幸福的事情。女人，总是对自己的孩子、老公、闺蜜，充满各种期待。每当实际境遇与预想不一样的时候，不管是不是别人的原因，都会满腹牢骚，不停抱怨，成了一名“怨妇”。

职场妈妈，整天嚷嚷着工作忙，平日里没有时间陪着孩子玩、检查他的作业。每年孩子生日那天，依旧在办公室忙碌着，从没有陪着他开开心心地玩上一整天。其实不管工作有多忙，抽出一点时间在家里给孩子亲手做个小蛋糕，或者去游乐园玩一次，还是能够做到的。

如果感觉生活一团乱麻，那么你真的该认真地思考一下你的生活方式了。“降低要求，充满耐心” 是让你变得快乐起来的第二个秘诀，审视一下对身边人的要求是不是过于苛刻？如果有这种倾向，要立即提醒自己：要有耐心。这样你就可以愉快地度过每一天，而不再像从前那样闷闷不乐地过日子。

## 凡事有原则，也有底线

家家都有本难念的经，对自己的老公和孩子不要过于苛求。你的期望越大，失望也会越大。只要老公依然爱你，孩子健康长大，就足够了。想要知道自己对孩子、老公的期望是不是过高，看看家里出现问题时，自己的反应多强烈就可以判断了。如果孩子吃东西掉在桌子上，你都会生气地大声指责一番，那说明你的要求太高了。

有些错误的确不能容忍，比如涉及孩子生命安全的问题，乘车没有给孩子系安全带等。但是这种低级错误基本都不会出现。如果只是屋子里收拾的不够整洁，给孩子吃了一顿速冻食品，或者是孩子身上有点污渍没有及时清洁，就让你自我感觉失望透顶，那么也许是你该降低一点标准的时候了。做一下第 18 页的测试，了解一下你的标准设定是否过高。

### 辣妈心经

“生孩子之前，感觉事情都计划得很完美。可是生完孩子以后才发现，忙完工作忙家务，连跟老公聊天的时间都没有。所以想做全能妈妈，事业家庭两不误，还是别做白日梦了。”

## 快问快答

**嘿，你有什么期待？**

**有些事情搞砸了的时候，你怎么办？做做这个测试，你的反应表明了你内心的标准。**

1. *你去日托所接儿子。当你正给他穿靴子的时候，发现他的袜子里外穿反了，而且看起来都不是干净的。你会：*
   a. 小事化了。至少他穿着两只袜子呢。
   b. 咬紧牙关。今早不是应该由孩子爸爸给他穿衣服吗？
   c. 不由自主地安慰自己说，托儿所的阿姨应该还不会觉得我的儿子有一个白痴妈妈吧。
   d. 回头看看。有没有别的孩子妈妈看到了？

2. *你第一次带女儿去看牙医，得知她已经有两个牙洞了。你会：*
   a. 惊讶——但是当医生告诉你有的孩子就是容易出现龋齿，并告诉你她会注意你女儿牙齿的时候，你就放心了。
   b. 抑制不住内心的波澜，给你的婆婆写张意味深长的纸条：感谢她背着你给孩子的焦糖块和棒棒糖，孩子们的牙齿还都在已经是奇迹了。
   c. 尴尬。那位牙医一定认为你描述的女儿刷牙频率是假的。
   d. 下次朋友们说起孩子保护牙齿的话题，我该怎么说？偷偷走开吗？

3. *在一堆报纸中发现了一封邀请你儿子去参加生日派对的信。派对就在明天，而回复日期早就过了五天。你会：*
   a. 打电话看看孩子是不是还能去参加那个生日派对。反正，别的家长出现此类事情的时候，你也会理解的。
   b. 告诉你儿子他本该早点给你看这封信的。天呢，孩子，难道“请回复”几个字对你来说毫无意义吗？

*c.* 不管怎么样先打电话，真诚地道歉，让对方原谅这种无理的行为。

*d.* 假装没看见，希望不要有人问起这事。

**测试结果**

**多数选 A： 脚踏实地型。**

你知道不是所有的事情都是按计划进行的，大多数问题都不必非要纠正过来。

**多数选 B：攻击指责型。**

当计划没有正常进行的时候，你总会不由自主地指责某个人：你的配偶、孩子或者给糖吃的奶奶。

**多数选 C：追求完美型。**

你是个完美主义者，你认为即便是不起眼的小事没有按计划进行你都是失败的。

**多数选 D： 粉饰太平型。**

你害怕别的妈妈注意到你犯错了。当出了什么问题的时候，你宁可忽视它，希望没人注意到。

测试的结果是不是让你大吃一惊？也许你从来没想到自己居然有指责攻击别人的倾向，或者你不愿意承认自己的期待总是过高。当然，测试的目的是让你更好地认清自己，而不是加重你的自责感。千万不要因此而对自己更加苛刻了。

每个人都会有一些特别在意的事情，在特定的事情上我们很难放宽标准。对你来说到万圣节前一天再去租件现成的演出服（而不是精心设计亲手制作）一点儿问题也没有，可是当房间刚刚收拾完，女儿却带回来几个小伙伴要玩枕头大战的时候，你就崩溃了；或者你能从容面对孩子尿床的毛病，但是当他到了超市里紧盯着陌生人看，你就紧张极了。

任何人都不可能永远保持脚踏实地、轻松自如——有时你会指责别人，有时你就是要追求完美，有时你也要粉饰一下太平。下面的建议帮助你仔细审视一下自己的标准，让你身边所有人包括你自己松一口气。

## 暂停指责的游戏

你像我一样吗？我努力将我的家庭管理得像一台运行顺畅的机器（即便是有几个螺丝松了）。如果有一个零件坏了，我就很难接受那是因为我的错而造成。例如，到了最后一分钟我才想起了我儿子早晨要去参加网球夏令营，我不得不穿着睡衣开车去送他，头发乱七八糟的，一肚子火，一路上祈祷着不要被警察发现叫到路边停车检查。一回到家，我就打电话给老公，大发脾气指责他没有把儿子夏令营的日期画在日历上。

就事论事地说，这件事其实没有多么严重。首先，把日期画在日历上并不是他必须做的事——就算他做了，我前一天晚上也没有去检查日历。挂掉电话后的几分钟，我又拨了过去，向老公道歉。我花了15分钟去责备他，结果什么问题也没解

**辣妈心经**

我曾有一个“完全无电视”计划，现在看来真是有点荒唐！我逐渐意识到，就算我的女儿每天看一点儿电视，也不意味着我是一个不负责任的妈妈。她可以从电视节目里学一些待人接物的技巧，对我来说，趁机准备晚饭，打扫一下房间，生活变得更轻松了！

决。我们两个人都需要更紧密地跟踪孩子的活动，明确分工，及时沟通。如果我们其中一个人忽略了什么事情，彼此应该相互帮衬。谁都有需要喘口气的时候。责骂老公让我自己更加火冒三丈，而冷静下来之后我意识到，还有比蓬头垢面开车出门更糟糕的事——我早上连驾照都没带。发怒总是让人失去理智，乱了手脚。

**大多数妈妈都像你一样：竭尽全力去抚养孩子。**

在改正爱指责别人这个毛病的过程中，我仍然还有去指责别人的冲动，但是我努力让自己冷静下来，深呼吸，问问自己以下的问题：

- 我感觉自责吗？我正在努力把责任从自己身上转移走吗？
- 我对孩子这个成长阶段的期待是不是太高了？
- 重要吗？是否值得再考虑一下？
- 一天、一周或者一年之后我还会记得这事吗？
- 如果是我犯了错，我希望别人怎么对待我？
- 我是否在复制我被抚养成人的过程？这么做对孩子合适吗？
- 我有没有站在孩子的角度想？

## 不要担心被批评

你的孩子在兴趣班里对小伙伴大打出手，你立即感到别的妈妈都在你背后窃窃私语，其实大可不必。你要记住大多数的妈妈都像你一样：竭尽全力在抚养自己的孩子。你看到那个梳着漂亮发型、开着一尘不染汽车的妈妈，从来不对自己天使般的三岁宝宝大喊大叫——在你看不到的时候，也许她在座椅下藏满了美味的夹心面包，用来哄得孩子乖乖的。而她迅速就能拿出东西哄孩子也就解释了为什么她的情绪能保持得如此良好。你永远也无法知道在别人的生活中都发生着什么！（有多少次你震惊地听说你的朋友离婚了，而你一直以为他们是天生的一对地设的一双？）

关于做妈妈的过程中遇到的问题，为什么不对其他的妈妈开诚布公呢？游乐场和游泳池边的互述衷肠可以联络彼此的感情，有助于结交新朋友。和另一位妈妈聊聊洗脏衣服的事（例如，那件脏衣服之所以变得这么脏，是因为从周一开始他就除了皮卡丘的T恤别的都不穿）。看看会有什么效果，说不定她也会和你吐吐槽。

当别的妈妈陷入一团糟的时候，你也要试着向她们表达同情之心。在微博和朋友圈里给沮丧的妈妈们留言，就大家都在热议的话题说说自己的看法也是一种交流的方式，当然，要尽量避免陷入其中。你读到和听到越多大家对妈妈们的批评，你会越容易感到自己的行为成了被人指摘的对象，从而建立起自我防御的围墙。但是如果你对别的妈妈表现出宽容和理解的话，你就会发现我们可以不用既完美又了不起。一个会心的微笑有时候就足以让别的妈妈找回轻松和自信。下次如果你的小宝贝在公园里将尿不湿扯下来放在头上，那位妈妈很可能就会帮你一把。

**辣妈心经**

“我有些朋友已经当了妈妈，她们会因为我把所有事都处理得井井有条而羡慕我，但这完全是她们的误解。我也同样感觉压力很大，有时感觉自己是个很差劲的母亲。我丈夫总是这样告诉我，‘如果你一直这么担心自己是不是个好母亲的话，这就意味着你已然是位好母亲了。’”

**一个会心的微笑有时候就足以让别的妈妈找回轻松和自信。**

## 培养自信

放低标准不同于放弃。这并不意味着因为你没有时间每天晚上给上二年级的孩子读书，你就再也不给她读了，也不意味着因为四岁的儿子正经历一段叛逆期，你就把他当成游乐场的捣蛋鬼听之任之。相反，你可以在周末时间宽松一些的时候给女儿读书。也许你可以避开人最多的时间去游乐场，给你的儿子和你自己充足的时间去度过他暂时的叛逆期。把标准降低，别苛责自己，大多数时候你都会做得很好的。每成功一次，你的自信都会增加一些。

# 列出不做的事

我们当中大部分人都擅于列出“必做之事”的清单。但是如果某天我们想做某件事的时候，却发现时间不合适怎么办呢？列出“现在不做的事”，允许自己把这些事先放在一边。这样就可以把你想做的事从今天已经安排得满满的“必做之事”清单上删除了，等你准备好了再去做它们，你知道不会失去什么的。

“现在不做之事”清单可能会包括以下内容：

**1.** 跑马拉松，上伦巴舞蹈课，练瑜伽或者肚皮舞。

**2.** 举行晚餐聚会。如果你有大把的做饭和聊天时间，那将乐趣无限。如果你想一边摇着孩子一边包饺子，同时招呼朋友，这事儿就不那么有趣了。

**3.** 针织，刺绣，钩边，缝补，缝被子——或者任何需要针的东西。

**4.** 制作剪贴簿。

**5.** 写书。

然后，有些事是你现在不想做的——或者什么时候也不想做的——但是却似乎是你“应该”做的事。狠狠心，把这些事放在“什么时候都不做的事”清单上，永远地放在一边，“应该”也是没问题的。有意识地做出决定，让自己摆脱困境，这样会减轻你的心理和思想负担。

“什么时候都不做的事”清单可能包括：

**1.** 读过时一周的报纸。

**2.** 购买不能干洗或者需要熨烫的衣服。

**3.** 给孩子报多个周末课外班。我保证即便是你的女儿在四岁的时候从来没玩过空竹，长大后她也会成为一个健全的成年人。

**4.** 写书。

**辣妈新知**

妈妈们
以何种方式让自己
放松一下？

40% 的妈妈们
选择电视真人秀，

30% 的妈妈们
选择刷微博
（Facebook），

15%选择小报杂志，

另外 15% 选择晚餐
吃蛋糕！

但是，弄清楚把精力和时间到底投入哪里——放弃哪些事不做，并不总是一件容易的事。因此，我们要考虑三点——认清当务之急、变换角度和衡量可行性。

## 认清当务之急

你要为孩子做的事数不胜数：建立相册，记录她生活的点点滴滴；破晓时分带她去公园，初步培养她对自然的兴趣；把一半的收入存起来，让她在放暑假的时候参加小提琴夏令营。但是有一件事是确定的：你不可能把所有的事都做了，至少不能同时都做好，或者说现在还不能。

**你会想培养孩子的兴趣，但不是以牺牲你的睡眠或者应急存款为代价。**

剪贴簿可能是做好了，但是制作它的战线拉得太长，当你贴上那些照片的时候，都已经忘记了当初设计版式的初衷，甚至忘了某些照片都是什么时候拍的。没事，反正如今的照片都是电子的了。

孩子在她的生活里有很多兴趣，你会想去培养这些兴趣，但是没必要以牺牲你的睡眠时间或者应急存款做代价。秘诀就是要弄清楚当务之急是什么，这样你就能专注于某些最重要的事。我们来举个例子：假设你是个数学老师，同时是家委会里负责筹集资金的骨干成员，又答应了帮助学校画戏剧舞台的背景。

周末到了，你恨不能把自己掰成八瓣儿来用，分身乏术啊！但是你应该舍去什么？想想当务之急是什么。你的结论可能是：跟孩子教育相关的事情绝对优先，运用我的聪明才智，为家人创造一个高品质陪伴的周末夜晚也至关重要。经过简单地思考，你决定先放下带回家要批改的作业，抽出时间去给自己的孩子辅导功课；家委会的筹款工作让你觉得筋疲力尽又牺牲了陪伴孩子的时间，但是一对小儿女非常乐意跟着你一起去学校画舞台背景，一起去做这件事，会让全家都觉得开心。

把影响了你“当务之急”的事情像用过的纸巾一样扔掉，当然，是“优雅地退出”（参考一下 11 页的建议）。接受一个事实：你不是超人，不可能处理所有的事情。这能让你专注于你的需要和你想要做的事情。

## 变换角度

有时候我认为恐惧使得我们强迫自己把标准提高。我们总觉得，当我们没有达到期待的时候，或者当我们的孩子没有达到我们的期待的时候，可能发生令人担心的后果。然而，事实常常证明我们的担心是多余的。有几次夜里，我突然惊醒了，心跳得很快，担心我睡前忘了打开洗碗机。考虑到像这样的小烦恼，我问自己以下三件事：

- 可能发生的最糟糕的事是什么？我十岁大的儿子可能——深呼吸——明早用牛奶纸盒直接喝牛奶。
- 这件事会一直烦我到未来吗？啊，是的，2013 年 3 月 7 日的重大洗碗机灾难。
- 这件事有没有好处？是的，我儿子可能从此就知道了碗不会自己洗干净。

遇到这种让你倍感压力的小事，不妨试着这么做。一开始你可能觉得这样很傻，但是过一段时间之后，这会变成一种习惯。试试这个方法，尝试一天，看看效果如何。即使在这一天中你无数次失败，达不到自己的期待，我猜总会有一个答案告诉你：这不是世界末日。

### 辣妈心经

“你的孩子不会在意你没有写过儿童书。他们会记得你和他们一起画画，一起在户外玩耍。我发现不工作在家带孩子，有时候会觉得无聊，这时候我就会更新他们的幼儿读物。”

## 可行性（而非可能性）

即便我已有了五个孩子，但是我仍梦想着能有安吉丽娜·朱莉家那样的孩子，和乔治·克鲁尼谈一场精神恋爱，或是把家整修成家居杂志中样板间的样子。如果我丈夫能带我去卖他的旧变形金刚，孩子们科科得满分，四岁的孩子足够懂事不会再在小弟弟睡觉的时候把门摔得咣咣直响，这也是相当不错的。我内心中积极的一面会说这些事都是有可能发生的。但是，我现实的一面却提醒着我，上述没有一件事是切实可行的。

**即使有了五个孩子，我依然梦想着能有像安吉丽娜·朱莉家那样的孩子。概率是有的，但的确是不现实的。**

区分可能性和可行性有助于形成更符合实际的期待。当你在制作“必做之事”清单的时候，谨记一点（见23页，列出不做的事），那就是放低目标，选择容易的事情来做。只要没人在你的房子里打破窗户，用窗帘像蜘蛛侠一样在起居室里爬墙，就不用大惊小怪。可行性高的事情包括晚饭吃面条，用半个小时的时间帮女儿练习拼写，晚饭后扔掉厨房的垃圾袋。当你把这几件事轻松地在必做清单上划掉之后，你会很有成就感。放松下来之后，才有心情去规划在厨房里建立分类垃圾箱，以及教孩子们分类处理垃圾的事情。

## 期待最好的结果，未雨绸缪

我并不是劝你别给自己和家人设立目标。哪个妈妈不希望自己的宝宝懂事听话，长成栋梁之才，一路让自己骄傲呢？实际上，应该让你的小孩一步一步地学着自己的事情自己做，这样你不仅教给他如何独立，还给自己省了不少事。所以让他自己去冲麦片吧，由着他把麦片撒了再收拾干净——以后的日子你们俩的生活也许都要快乐得多！

不管对家人还是对自己，设立切实可行的目标，同时怀抱美好的期望，是我们生活的动力。（在第八章会详细讲如何做计划）我们尽可以朝着成功和幸福的大道一路狂奔，也可以步步为营、机关算尽，但是我向你保证：最完善的计划实施起来也会出现数不清的差错。换个角度来想，孩子长大以后想到儿时父母不完美的教育还会觉得可乐呢——有一次妈妈看到 8 岁的哥哥给 3 岁的弟弟理了个发，惊得脸都绿了。

我对自己的孩子要求还是很高的，但是我并不指望他们总是会达到我的标准。我可以希望我的大儿子在科技展上获得评委的赞赏，但是最有可能发生的情况是他在保鲜盒里面粘几个小动物的贴纸，盒盖朝下放桌上，并称之为“微型生态缸”；我也可以希望去教堂时我的儿子们举止得体，文雅礼貌，但是最有可能的是做礼拜时我得捂住儿子的嘴，否则整个教会的人都会听见儿子喊“妈妈，我打喷嚏的时候吹出了个鼻涕泡！”

## 现状核实

我总是告诉大家从教育老二到教育老三的过渡，比从老大到老二简单多了。因为那时我已经认识到当妈妈的幸福秘诀之一就是不对任何人期待过高。我已经学会了专注于切实可行的目标，放慢每天的节奏，也不去为打翻的牛奶哭泣（为失败而懊恼）——有时候刚把牛奶收拾干净又打翻了一杯果汁。

好消息是：你无需在有了好几个孩子以后才开始降低你的期待，现在就可以开始一步步慢慢来。如果你的孩子正处在喜欢“小偷小摸”的阶段，那么就不要带他去文具店了，尽管拿个免费订书机好像挺不错的；孩子们要是更喜欢吃必胜客的外卖比萨，那么就别为了儿子的生日晚餐在厨房里忙得满头大汗还费力不讨好了；去参加读书会的时候忘了带书或者压根忘了读，就原谅自己一次吧。设一个不太高的目标，生活便会妙不可言。

**迈出第一步**

孩子学校又搞家庭烘焙糕点义卖了？你可以从商店买现成的糕点——撒上糖粉和彩色巧克力屑看着就像自家烤的了，或者你可以提出帮忙做标志或摆桌子。你仍然在参加活动，但是你不需要花好几个小时去烤制什么黑森林蛋糕了！

# 3

# 听从直觉声音

“俯卧时间，是什么玩意？”我思忖着这个陌生的词汇。聊天时，一个妈妈抱怨宝宝俯卧时间太少，宝宝抗拒脸朝下趴着。此时我内心那叫一个煎熬，都养了三个孩子了，居然不知道宝宝要有俯卧时间。

我赶紧回家上网搜索何为俯卧时间。当初我家老大和老二在三个月大以前，我总是让他们仰面躺着，这样可以避免婴儿窒息，却不曾想网上说长时间仰面躺着会导致脑部后面变平。我又陷入深深的自责中。

就在我为自己过去没有给孩子充足的俯卧时间懊悔的时候，三个孩子小时候趴着的画面闪现在眼前：我和朋友在公园聊天的时候，孩子在我腿上趴在；爸爸抱着孩子在屋子里来回走着时，孩子在他的臂弯里趴着；孩子在地板上玩耍时，也是趴着。尽管我从未像那个妈妈那样计算俯卧时间，但是趴着却是一种常态。

老三威廉姆小时候，没有让他做过俯卧训练，三个月大的时候自然而然就会抬头转头。这说明我已经在日常生活中给了宝宝足够的俯卧练习。所以说得相信每一个女性都具备做妈妈的天赋。

**有的妈妈是信息控，不论做什么都要上网找攻略，就算给孩子冲奶粉也要查清楚是先加一半水还是三分之一的水。**

有的妈妈是信息控，不论做什么都要上网找攻略，就算给孩子冲奶粉也要查清楚是先加一半水还是三分之一的水。有的妈妈习惯求助于其他妈妈，还有的热衷于幼教专家的建议。不过，只听一家之言还是有弊端的，专家的建议可以平息一个孩子的哭喊，同样的办法却不能摆平另一个孩子。所以，妈妈还得结合自己孩子的个性，摸索一套适合自己的办法。

衡量各个渠道获得的信息价值，是件头疼的事情。我们知道不能采纳所有人的建议，还知道就算做错了（我们的确会犯错），孩子也会健康地、快乐地成长。不会因为妈妈的一点失误，导致孩子上了小学三四年级还不会数数。

做一下 32 页的测试，了解信息搜集的特点，然后再回到本章，看看如何搜集信息。

## 妈妈不做万事通

在我的妈妈初为人母时，可没有那么多所谓的育儿专家建议。那时候有一本《育儿百科》就够了。哪像现在，当妈妈要上育儿培训课程，读各种幼教书，恨不得去读个幼儿教育的博士回来。

当妈妈的压力真是不比职场轻松。不过如果想做一个幸福快乐的妈妈，就不必事事追求完美。

信息时代，信息量庞杂犹如滔滔江水绵绵不绝。如何筛选出有用的信息，为之我用，是做一个幸福快乐的妈妈的法宝。下面是应对海量信息的几个妙招，不妨试一试：

**必备信息**。跟孩子每天的吃、穿、住、用、行紧密相关的信息需要重点关注，比如有毒奶粉、不合格疫苗、问题校车等。

**分析信息**。互联网将所有人变成了信息传播者，但是网上

### 辣妈心经

“当老大才几个月大的时候，鞋店的店员就极力劝说我们给孩子买鞋，说穿他们的鞋才能让孩子的踝关节长得结实。听起来确实有道理，不过店员忘记了在没有名牌鞋存在的数千年里人类的身体也是强健的。所以，我就让孩子的踝关节自然生长，直到大儿子自己能走路了才给他穿鞋。”

## 快问快答

**你最常用的信息来源是什么？**

**当你遇到育儿问题时，第一反应就是求助于网络吗？**

**1.** *当你遇到育儿问题无从下手的时候，你怎样做？*

**a.** 去书店买本育儿书或者看看育儿杂志。

**b.** 上网搜索育儿专家的建议。

**c.** 向其他的妈妈寻求帮助。

**2.** *妈妈们谈论应该使用尿布还是用一次性纸尿裤时，你会：*

**a.** 说一次性纸尿裤不利于环保。

**b.** 说育儿专家的观点是“使用一次性纸尿裤是完全没有问题的”。

**c.** 说自己使用尿布，但是承认洗尿布很浪费时间。

**3.** *最近几天夜里，八岁大的孩子不敢自己睡觉。你会：*

**a.** 参考几本讲睡眠问题的书，制订一个行动计划解决问题。

**b.** 给一个育儿专家打电话，咨询相关意见。

**c.** 在网上发帖子，听听网友的意见。

**4.** *以下哪句话最有可能出自你之口？*

**a.** “上周我读了一本书，书里说看电视会不利于婴儿的脑部功能发育。”

**b.** “育儿专家说，孩子三岁开始学习使用马桶。”

**c.** “你家宝宝有这种问题吗？”

5. *看到新闻上说防晒霜可能导致癌症。你会：*

a. 看看相关科学网站上的评论。

b. 听听美容专家的建议。

c. 看看网上自己最喜欢的妈妈博客上怎么说的。

**测试结果**

**多数选 A：** 属于信息控，每天跟踪最新信息最新研究，认为信息多多益善。

**多数选 B：** 属于专家控，找到一两位值得信任的专家，有问题的时候就可以求助于他们的建议。

**多数选 C：** 属于经验控，说到如何解决让父母们不知所措的问题，你认为没有人比有经验的妈妈更专业的了。

不论你是 A 类型、B 类型还是 C 类型，或是混合型。孩子可不是电脑程序可以预先设置。初为人母时，想要寻求些育儿建议是正常的。但是，不管你多喜欢刨根问底，一定要找到有效获取信息的方法。育儿书籍、育儿专家或是别的父母都是很好的信息来源。一方面要相信自己的判断，避免信息过度；另一方面应该继续阅读本书了解有效获取信息的更多方法。

**辣妈心经**

“如果你想带孩子出去，那就带孩子出去。如果你担心外面有细菌，随身携带一瓶洗手液，想抱孩子的人请他们先把手洗干净。不要被别人说的外面空气不好等等，吓唬住了。你自己怎么舒服就怎么做！”

的信息并不都值得一读。如果是重要的信息，各大媒体从电视、网络、报纸都会大肆报道，从众多媒体夸张的报道中，就可以分析抽离出可靠、准确的信息。

**三思而后行。**不论是多著名的育儿专家的理论还是多严谨的实验研究，由于个人因素、各种变量的存在，内容不必全信。当与自己的育儿观念有冲突的时候，冷静地想一想自己的孩子是否适用，这种新方法能让孩子更加快乐健康吗？

## 做个性辣妈，让别人眼红去吧

有朋友来家里做客的时候，你是否得花上好几个小时才能把一片狼藉的家里收拾干净？在电梯里，你是否不再轻声温柔而是厉声制止孩子的哭闹？你是否为了让别人说自己是个好妈妈，弄得自己身心疲惫？其实只要你对自己满意就可以了，而无需让每个人都认可你。

我曾读到一篇文章说，研究表明亲吻孩子的嘴唇会增加孩子蛀牙的风险，因为细菌会从妈妈的嘴里传到孩子的嘴里。后来又有很多妈妈博客里面也说我们不应该亲吻自己的小宝宝。我才不管那么多呢，亲吻自己的宝贝是最幸福的事情，谁也阻挡不了。

面对各种风险，妈妈们总会有一定容忍的程度。我们可以根据自己的经验做出选择。切记，在育儿的方面，没有人知道所有问题的正确答案。

## 妈妈都是育儿专家

身边的亲朋好友、儿科医生、育儿专家，没有谁比你对自己的孩子更了解。他们给你提供建议的出发点都是好的，但是到底是不是对孩子有益，只有当妈的最清楚了。因为只有妈妈熟悉孩子的每一个动作、眼神、表情的含义是要吃奶还是要撒尿。

## 复杂问题简单化

你可能发现自己在管教孩子的某个方面很有一套，例如立规矩。

你知道孩子撒娇的时候，总是搂着你的脖子要你给他一个超级无敌大拥抱。

妈妈们总有不自信的方面，比如孩子挑食，妈妈就会怀疑自己做的饭不好吃。

**你知道孩子撒娇的时候，总是搂着你的脖子要你给他一个超级无敌大拥抱。**

孩子都要进入青春期了，有的爸妈才找到点为人父母的感觉。确实父母不好当，每天都要搞定各种难题，一会儿两个孩子抢玩具厮打起来，一会儿上初中的儿子六点了还没回家。真是着不完的急。如果有谁怀疑你的处理能力，那么要勇敢地说“不”。

## 妈妈都有短板

当你犹豫不决无法做决定时，要考虑一下哪些因素在左

**辣妈新知**

调查显示，80% 以上的妈妈表示对网上育儿专家的观点感兴趣，但是只有 20% 的妈妈对名人的育儿观点感兴趣。

## 辣妈心经

“以前，儿科医生建议我对儿子采用‘哭个够’的方法，但是适得其反。孩子入睡越来越困难，睡眠时间越来越短。后来我和爸爸尝试了很多办法，终于找到了哄小家伙睡觉的最佳方式，就是关上灯，轻轻拍拍他，不一会儿就进入梦乡了。我希望对医生们说，对于孩子们来说没有一个放之四海而皆准的方法！”

右你。重要因素如，与孩子爸爸的意见向左，与育儿专家的观念不一致，会影响其他家庭成员等。有些因素相对来说并不重要，比如某个朋友的建议，广播里某某专家的观点等。分清主次，就可以打定主意了。

**妈妈 VS 爸爸**。首先不要自认为爸爸对孩子不关心，在照顾孩子生活方面，男人更愿意放手给妈妈。其次要认真听听爸爸的意见，找出你们观点的差异在什么地方。父母沟通顺畅，是孩子心理健康成长的重要因素。

**直觉 VS 科学**。妈妈们要具备几个可靠的有关健康和安全的咨询“专家”，当然如果是真正的专家就最好不过了，可靠的专家例如三岁的孩子生病了吃多少泰诺（Tylenol）合适，或者孩子不小心从桌子上掉下来，头朝地的时候怎么办。

那些所谓的科学研究成果不能尽信，如果那些研究真的无所不能的话，为什么没有拯救腰间赘肉的巧克力呢？倒不如平时多跟孩子的儿科医生聊聊，了解一些头疼脑热的应急处理办法。

**孩子 VS 家庭**。这恐怕是最严重的冲突。家庭是一个整体，而孩子往往是这个家庭的核心。如果为了孩子上一所学费高昂的私立学校，全家人的生活质量都会下降的话，该何去何从呢？权衡利弊，不管结果是什么，重要的是全家人的决定保持一致。

### 独断独行

当周围人各抒己见，在你耳边叨叨不停的时候，该听谁的呢？这是个头疼的问题。如同事以过来人的口吻说，她的孩子在幼儿园的时候就开始上音乐课了；而孩子的奶奶则认

# 说“不”的五个方法

以下几个小伎俩可以应对不请自来的意见，不妨试一试吧：

**1 婉言拒绝。**

奶奶说：“我妈妈会用香皂洗干净我的脸！”

你说：“这些年育儿方法发生了很大的变化，这不是很有趣吗？”

**2 岔开话题**

奶奶说：“书上说在家洗碗的孩子，在学校不一定动手！”

你说：“在学校他可能更喜欢踢足球。”

**3 我行我素**

邻居说：“你不会让你儿子自己骑自行车去上学吧？多危险啊！”

你说：“我儿子已经自己骑车上学一个月了。”

**4 找挡箭牌**

保姆说：“我认为宝宝应该练习使用马桶了。”

你说：“我和儿科医生聊过了，她认为应该等到大一些再用。”

**5 装傻充愣**

收银员说：“如果孩子要糖你就给他们买，他们会变本加厉，让你买更多的东西。”

你说：“那个盒装奶酪通心面是在促销吗？”

为对于这个年龄的孩子来说，没有什么比自由玩耍更好的了；邻居则说认字数数最重要……这时候不如来个快刀斩乱麻，自己决定就好，管他们三七二十一。

**要想成为一位快乐辣妈，就意味着要打破传统，找到适合自己的方式。**

要想成为一位快乐辣妈，就意味着不要盲目迷信幼教专家、育儿书籍，找到适合自己孩子的教养方式实为上策。幼儿营养书上说，孩子四个月应该开始吃辅食，什么番茄土豆泥、南瓜小米粥、蔬菜大米糊等等，书上精美的图片让你不由得想去厨房大试一番身手。结果是费时费力弄出来的美味，宝宝一点面子都不给，只吃了一口就全吐出来了。我疑惑地自己品尝了一下，发现味道实在不咋地，真是难以下咽。于是老老实实地给孩子做普通的家常粥了。

本来规划的是孩子上了幼儿园，就回去做全职工作了。可是发现孩子上了幼儿园后，家务事情一大堆，孩子下午放学很早，回去工作几乎不可能。回不回去工作成了自己的心病，越想越痛苦。其实真正的痛苦不是能不能上班，而是自己没有勇气做决定。只要打定主意，不管什么问题都有解决的办法。请相信中国的老话“船到桥头自然直”。

## 跟随自己的节奏

当我小时候，几乎每个妈妈都给孩子买矫正鞋。到了我当妈的时候，妈妈们都会给智能手机里下载数学游戏软件。等在超市排队结账的时候，就可以教孩子学数学了。每个年代的人都有属于那个年代的育儿潮流。如果想成为一位幸福快乐妈妈，就要敢于打破传统，找到适合自己的方法。

相信自己的直觉并非那么容易。初为人母时，芝麻绿豆大的事，如给孩子用多大的勺子喂饭，都要遵循育儿理论，导致每天过得都很纠结。后来就自己做主，丰衣足食了。

虽然一路走来，孩子们磕磕碰碰在所难免，但是现在都是健健康康、活蹦乱跳的。虽然偶尔我也用巧克力收买他们停止哭泣，但是他们也没有因为多吃几块巧克力而满口蛀牙。虽然我没有及时让孩子们学会使用幼儿便盆，但是他们也没有穿着纸尿裤去幼儿园。对我来说，这些就是成功了。

短短的一天时间，妈妈们要做大大小小的无数的决定。未来的日子，还会做许多正确的事情，同时也会搞砸不少。满怀信心，勇敢尝试，直到搞清楚如何对待自己和孩子。持之以恒，就能成为“育儿专家”。

**迈出第一步**

找三个好朋友，问问他们为什么觉得你是最棒的妈妈。如果孩子会说话了，也问问他的想法。把这些话写下来，每当心情烦闷的时候，拿出来读一读，自我夸奖一番，顿时乌云散尽，心情大好哦。

# 4

## 回归真我个性

**广告里的明星妈妈都是皮肤白皙，身材火辣，明星宝宝永远是水汪汪的大眼睛，甜甜地叫着“妈妈、妈妈”。似乎她们整天都生活得轻松自在，无忧无虑。**

回望自己的生活简直是不堪入目，一片狼藉。整天过着在儿童房、厨房和卫生间三点一线的生活，孩子一会儿拉了尿了、一会儿又哭又闹。喂奶、换尿布、哄宝宝、收拾屋子是一天全部的内容。真怀疑这还算是生活吗？如果早知道生了宝宝成了自己的拖累，说什么也不会忍受十月怀胎的辛苦，把这个只会哭闹的活宝生下来。

我曾一度情绪低落，差点患上抑郁症。我不过是希望当了妈妈之后，能过上像广告里的妈妈一样的生活，难道我错了吗？

回想当年，觉得当初我就是一个“杯具”。我干吗一定要以别人为参照，来为难自己。本来自己就不喜欢缝纫，就因为电视里播放了巧手妈妈的节目，就非得逼着自己用手绢给宝宝缝娃娃，搞得屋里乱七八糟不说，结果孩子瞅都不瞅一眼这个古怪的玩意儿。以别人的标准衡量自己，岂不是人生最大的悲哀。生活是自己的，活出自己的快乐才是最重要的。

不是因为我不喜欢唱歌或者做通心粉，而是因为我逼着自己做自己不愿意做的事。事实上，我更喜欢玩跳棋，而不是一时兴起到小溪里去趟水。我总是想成为另外一个我，但适得其反。

## 面对现实

我获得幸福快乐的一大秘诀就是“面对现实”，做到这点并不总是那么容易。如今媒体最爱报道就是某某明星产后一个月，脚蹬恨天高，身穿紧身长裙露面。可是自己的孩子都快一岁了，肚子上的赘肉还是一点去意都没有。其实我们都被骗了，杂志上的照片都是 PS 过的，火辣的身材是修图的结果。

身边的同事孩子才几个月，就去马尔代夫度假，自己心里那个羡慕嫉妒恨啊。我们错了，管别人的闲事干嘛。当了妈妈就应该全心全意地照顾孩子，牺牲自己的一些时光，那也无可厚非啊。

但是，把自己以前所有喜欢的东西都放弃了，也是不现实的。有些还是要保持的，例如幽默感或者跟朋友聚会。有了孩子不意味着要立刻改变自己，有了孩子不是说自己会神奇般地喜欢上换尿布，有了孩子也不意味着自己马上就成熟起来。不要试图去做自己想象或者别人想象中的妈妈，做自己会更好。

那么你怎么做到面对现实，回归自我？44 页的测试将帮助你了解自己是否是真实的自己而不是“明星”。

### 辣妈心经

“有时候，我就是超级妈妈，把自己打扮得光鲜亮丽，带着穿着公主裙的孩子们参加学校组织的活动。而有的时候，我也是个邋遢妈妈，头发凌乱，衣衫不整，屋里一片狼藉，惨不忍睹。我离完美妈妈还有千里之遥，但是对我的孩子来说，我就是完美的妈妈。”

## 快问快答

妈咪小测试

**成了孩儿他娘后，生活发生了翻天覆地的变化。你是不是彻头彻尾变成了一个陌生的自己？**

1. *孩子出生后，你的生活习惯有变化吗?*
   a. 自从有了孩子，就没按时吃过一顿饭。
   b. 起初情况一团糟，一段时间后开始美容、健身了。
   c. 生活一如既往，睡眠充足。

2. *如果女儿想参加一个你不感兴趣的活动，怎么办?*
   a. 立刻投身其中。虽然一直不喜欢篮球，但是不意味着不能给一帮十岁的孩子当教练啊。
   b. 送她去足球训练场，在赛场边为她加油打气。
   c. 告诉女儿曲棍球听起来就无聊，建议她换个想法。

3. *当和一个妈妈聊孩子生日派对的事时，她说起自己熬了一整夜烤了一个女儿最爱吃的蓝莓巧克力蛋糕。此时，你心想:*
   a. “明年我也给儿子亲手做一个他最爱的草莓蛋糕。”
   b. “如果明年工作不忙，我也会考虑自己亲手给儿子做一个！”
   c. “她是专职太太当然有大把闲暇时间，我们上班族哪有那闲工夫！”

4. *当你带着四岁的宝贝去上钢琴课，教室里的钢琴声杂乱无章，你会:*
   a. 默默地忍受，一直耐心地陪在孩子身边。
   b. 孩子自己练琴就好了，自己在旁边玩手机。
   c. 以后让爸爸带孩子来上课。

5. *当妈妈之后你的衣着发生了多大的变化？*

a. 跟高跟鞋说拜拜，怎么舒服怎么穿。

b. 运动装占领了衣柜。

c. 依旧走时尚路线。

6. *女儿的好朋友小莉各方面都很优秀，但是她的妈妈很烦人。怎么办？*

a. 努力与小莉的妈妈成为朋友，毕竟小莉在学习上给了女儿不少帮助。

b. 只要孩子们在一起高兴就好，不一定要和家长有多熟。

c. 鼓励女儿和别人交朋友。

**测试结果**

**多数选 A： 以前的你已经逝去**。你渐渐变成了一个陌生的自己。因为照顾孩子，你曾经的爱好、野心都抛之脑后了，该是你回归自我的时候了。

**多数选 B：努力保持自我**。生活正在渐入正轨。虽然你经历了各种磨难，但是挺过去就是好样的。

**多数选 C： 自我意识清醒**。你是一个超级辣妈。保持自我，你是妈妈们的榜样哦。

**辣妈新知**

自我鼓励
非常重要，

近 30% 的妈妈
每天都要不止一次
地提醒自己是个
好妈妈。

从今天开始记得
时常鼓励自己哦！

——亲子网
（parenting.com）

希望这个测试能够帮助各位妈妈了解自己的现状。做时尚辣妈，是我们的终极目标。

## 努力尝试

当我怀孕后，经常痴痴地想象和孩子一起探索这个世界的情景。我会教他荡秋千、学游泳、骑单车、烤蛋糕……

带领孩子探索这个世界的过程，也是我们重新认识这个世界的过程。所以说，当了妈妈看世界的视角和以前大不相同了。

一次全家外出度假，原本打算住在舒适的酒店。可是七岁的儿子非要住在海边的帐篷里。海边潮湿，还有蚊子，不过最终决定还是为了孩子试一试。没想到那个夜晚是那么的奇妙，湛蓝天空中闪耀着颗颗繁星，耳边是海浪的歌声，我们挤在帐篷中说说笑笑。

**只要我们不会因此而受伤、生病或者伤害到别人，那么孩子觉得有趣的事情，都可以大胆一试。**

回来后，儿子经常跟同学提到全家一起旅行的事，每每说到在海滩夜宿帐篷，一脸的幸福和自豪。其实我也很感谢儿子，让我经历了一个非常有趣的夜晚。

## 开始行动

下面是帮助妈妈学习如何跟孩子一起享受新事物的几个小窍门。每个月选一天作为“探险日”，和孩子一起体验新鲜的事物。如果你们能坚持好多年下来，母子感情肯定好得没话说。

设想一下可能出现的最糟糕的情况。也许只是跟孩子在雨里变成落汤鸡，或者把家里的挂钟拆掉不能恢复原状而已。

只要我们不会因此而受伤、生病或者伤害到别人，那么孩子觉得有趣的事情，都可以大胆一试。即使有些事自己不喜欢也不要紧，偶尔为之也未尝不可。

**不要用金钱来满足孩子的愿望。**一次儿子央求我给他买辆和邻居家一样昂贵的单车，来满足虚荣心。我想都不想，直接拒绝了。孩子的愿望会无限膨胀，你的能力永远达不到他的各种无理要求，适时制止让他明白父母不是“圣诞老人”。

**事情多往积极的一面看。**去趟郊外，确实费时费力，可是有碧波荡漾的湖水、青青的草地、空气清新的树林，不光孩子玩得畅快淋漓，自己也能享受大自然的美好时光啊。

**给自己三次机会。**在彻底放弃某件事之前，我都会给自己三次机会。其实上第一堂亲子课的时候，每个人都感觉很尴尬。上第二堂课的时候，依然还是很混乱。到上第三堂课时候，我们应该能听出来一些歌曲，还能记得几个妈妈的名字，这个时候上与不上心里自然而然就有答案了。

**辣妈心经**

“我从来就不是运动型的，也没有想过我自己会成为一个‘足球迷妈妈’。可是现在，我很喜欢去看女儿的足球比赛。每当赛季结束，我还会心情低落。”

# 你＋妈妈身份＝了不起

从怀孕那天起就意味着身材完全走形，窈窕淑女变成了大肚婆。可是想想当妈妈的这些年，是一个多么难能可贵的成长经历啊。

1 **自信**。从前晚上睡觉打雷都听不到，现在夜里每隔三个小时准时醒来给孩子喂奶。

2 **爱心**。曾经看着飞机上妈妈无法阻止孩子啼哭时，非常气愤打扰了自己休息。现在会凑上去问问能不能帮上什么忙。

3 **专注**。当宝宝在怀中“滋滋”地吮吸奶水时，母子俩默默对视着，时间似乎都静止了，哪管周围的嘈杂呢。

4 **细心**。曾几何时出差时总是丢三落四，现在出门孩子的东西带的一应俱全。

5 **耐心**。以前说话那真是只说一遍，现在为了教孩子说“妈妈”可谓是日复一日不厌其烦。

## 随心所好

即使当了妈妈，也要有自己的生活，不要被家务所累。努力尝试新鲜事物，不光对自己大有裨益，也是以身作则，为孩子树立努力适应新事物的榜样。认识新朋友，培养新兴趣，会让生活更惬意。

不要刻意要求自己，凡事不可能做到尽善尽美。一次我和大儿子一起上亲子瑜伽课。原本期待在课上放松一下，不料儿子吵吵闹闹非要回家。整堂课我几乎一直疲于应付儿子，“再坚持十分钟”“还有五分钟咱就回家”……难道就要因为一次课没上好，就要放弃长久以来学瑜伽的心愿吗？

其实仔细想想，这些有趣的经历总会给我们一些意外的收获。起码我知道，儿子对瑜伽是没啥兴趣的，但是我打心眼里热爱瑜伽。大胆尝试，我们才能知道自己喜欢什么，擅长什么。

## 做孩子喜欢的妈妈

前面所讲的各种方法，是为了让你和妈妈的角色更加吻合，而不是把你变成另外一个人。所以，放宽心，自己取舍是否采纳这些方法。

做让孩子喜欢的妈妈确实是一门学问。对孩子除了软硬兼施、恩威并重，爱他才是首要的。

### 迈出第一步

吃饭的时候，让大家每人说一件希望一家人一起做的事，例如去野餐，或者去划船。把这些想法写下来制定一个家庭愿望清单。当这些愿望一一实现，也就为家庭累计了一笔笔宝贵的“财富”。

# 5

# 筹建后援团队

身为辣妈，你的必需品清单上列了什么：一个急救箱？一位具备各种急救护理知识、目前单身的保姆手机号码？或是一辆有着合理设计的安全气囊又不显得笨重的汽车？很好，都很好。

但是，有没有想过要拥有一个后援会呢——这可能意味着拥有一群朋友（或是家庭成员），当你身处困境时，她们会拽你一把；当你想疯玩时，她们会帮你备足啤酒和炸鸡。这也是你的必需品之一呀。不用说，急救箱很重要，但当你的肩胛骨中间活跃着一只壁虱的时候，有一位能用镊子把它夹走的朋友同样重要。（别问我是怎么知道这个的，你懂的。）

我的第五个秘诀是：找到自己的组织。所有的妈妈都需要被关注。这对你的幸福而言，是必不可少的——想想啤酒和炸鸡吧——更重要的是，它能帮你成为一位更优秀的妈妈。甚至能让你更健康：对产后抑郁以及一般意义上的抑郁而言，最大的危险因素之一就是孤立无助。找到组织的你将不必再独自承受。

**当你连刷牙的时间都没有时，在朋友们身上花费精力可能并不是一件容易的事。**

当你连刷牙的时间都没有时，在朋友们身上花费精力可能并不是一件容易的事。如果你家务事已经排得满满当当，那你的社交圈子窄到只是有着同龄娃的少数几个妈妈也就不足为奇了。或许你还不太确定结识新朋友的最佳方式是什么？在这个快节奏的时代，虽然发展一段友谊不像在朋友圈里发张照片那么简单，却也不比这个更难。在本章中，我们将会讨论如何找到好朋友，以及维护你们之间越来越瓷实的友谊。

## 良友——妈妈必备

强大的朋友网远不止于你的手机通讯录以及微信好友。不管你是喜欢身处人群中心还是倾向于只培养几段亲密关系，你需要的都不只是一种类型的朋友。这儿有一份必备良友清单。

**无微不至的贴心人。**在你找到一件称心如意的衬衫之前，她就是心甘情愿陪你穿梭于几十间更衣室的那个人——当你赫然发现这件衬衫沾染了史上最难消除的顽渍，她会给你提供一件自己的工装。请注意，要向这样的朋友表达感谢，并用你自己的方式报答她，不要让朋友认为你们的关系是一条单行道（如果你内疚于曾经让她有这样的感受，请参考第 60 页的“天涯海角”，我会为你正处于紧急关头的友谊施以心肺复苏术）。

**热情开朗的聊友。**这位朋友会与你乐此不疲地长时间讨论孩子们多大适合拥有手机，也许能讨论 15 次！或者当你对学龄前儿童逗人的咿呀学语感到惊讶时，她会义无反顾地挺你，没准儿第 50 次谈起这个话题她仍然满腔热情。

**步调相同的战友。**与你一样，她是一位正在经历相同阶段的妈妈。如果其中一位朋友的环境发生变化，维持友谊将会出现一些挑战。如果你习惯于上午十点在游乐场会面，你的朋友却有一份全职工作，请尝试晚上或周末跟她联系，这样你们双方都不会失去宝贵的友谊。

**经验丰富的过来人。**新晋妈妈容易落入的一个圈套——只与其他新生儿的妈妈结伴同游。但其实具备“快起床，该去上学了”这一战斗经验的老兵更可靠，她们是具有实践性的建议和情感支持的绝妙来源。她们知道什么是值得密切关注的（比如你的女儿突然间开始遮遮掩掩地发信息），以及什

### 辣妈心经

“我最好的朋友、邻居安娜与我共同度过了重大时刻！当我怀孕 28 周必须去医院的时候，我给安娜打了电话，让她帮忙接上幼儿园的老大。她不仅把我送到医院，还替我照看孩子足足两天。她甚至还为他买了一件游泳衣，带他去了游泳池！”

## 快问快答

**你会给谁打电话?**

**幸福辣妈必备良友，你拥有几个？问问自己下列问题：**

1. *当有大事发生——诸如婚姻危机、棘手的工作——你可以信任的是谁呢?*

2. *你不得不去参加一场会议，此时断电导致了日托停业。你能否找到某人帮忙照看孩子……虽然这个“某人”明知道一上午都得不停地跳《三只熊》逗孩子开心。*

3 *当你需要弄清任何鸡毛蒜皮的事儿——比如“复活节服饰”到底指的是什么，你会快速拨号给谁呢?*

4. *你现在心烦意乱，需要出去散散心。谁会是陪你到最近一家星巴克的人选呢?*

5. *当你的婴儿迈出第一步时，除了爸爸之外，你会情不自禁地向谁报告这个喜讯呢?*

6. *如果你对应不应该多去几次健身房感到举棋不定，经过全面思考之后，你会征求谁的建议呢?*

好了，假设你能 Hold 住上面的每一个场景（如果你确实能，那么你做的确实比我们大多数人都要好），请回过头去，再读一下这些问题。这一次，如果你的第一人选没有空，你该怎么办呢？也许是时候扩大你的圈子了。

么是不足挂齿的（比如牙仙昨晚仍然没有降临陪伴你长达六年之久的枕头）。

**实事求是的伙伴。**我们都需要至少一位直言不讳的朋友——也许是你的姐妹，或者一位永远理解你的朋友，或者一个开诚布公的新朋友。她会毫无顾虑地告诉你，绝不要在微博上给甩掉你的前男友发私信，问他“你最近怎么样？”，也没必要无谓地担心孩子的衣服搭配得如何。你可能不会一直听取朋友的意见，但她给你提供正确建议的机会比较大。

请一定要告诉她，她的坦诚对你而言是何等宝贵。即便你没有按她的建议去做，也要让她知道，你对她的建议心怀感激。当然，那并不意味着你必须忍受无穷无尽的不以为然。这类友谊会在批判与赞美结合在一起时生效——此时她将会乐于收回她所说的（或者至少坦陈那些她也做不到的事情）。

**不受孩子羁绊的朋友。**你卧室中的读物是关于教养子女而不是名人传记，谁会和你八卦最近的名人分手事件呢？这位朋友不需要雇佣保姆。当你让你的小天使尽情饱餐之后，你们可以出去彻夜狂欢。但是，请记住，当你们沉浸在绘声绘色的小道消息时，分神去警告孩子不要再将粉笔放进电脑光驱的行为，可能会让不习惯孩子的朋友感到厌烦。而且，你已经习以为常的孩子的粑粑和鼻涕，在她看来绝不是一个适宜的餐桌话题。

**一位真正的朋友会告诉你，不要在微博上给甩掉你的前男友发私信。**

不可否认，母亲这一身份仍占据着你生命中的很大一部分。因此，可以讲一讲你蹒跚学步的宝贝如何意外地从你婆

## 辣妈心经

“我做过的最美好的事儿是参加一个育儿小组。我和很多其他妈妈成了好朋友。我曾经担心，生孩子意味着社交生活的结束，但实际并非如此！在她们中间，我从没觉得自己是一个拖着孩子的令人尴尬的朋友——我们全都拖着孩子！”

## 辣妈心经

"带着孩子出门是很困难的，但邀请朋友们到家里吃午餐是可行的。我告诉她们，午餐是自制三明治以及简单的沙拉。她们都很乐意来。她们也在寻求成年人之间的互动！"

婆身上空翻下来的故事吧，但要简单明了；然后让你的朋友讲一下她的恋爱经历。

现在你知道你需要的朋友类型了，但是交这些朋友可能不那么顺当。当你在幼儿园小小莫扎特课堂上为《巴士上的车轮》鼓掌时，你如何与身旁的妈妈建立关联？当你的孩子在中学合唱团伴奏的时候，你与其他妈妈能否从贝多芬的第五交响曲的简短停顿中找到共同之处？他们演奏的尖锐音调能博得你们的会心一笑吗？

尽管这听起来有点儿吓人，但是你能做到。别忘了，从上幼儿园开始你的人缘就特别好。

说到学校，家长委员会是与你孩子好朋友的妈妈建立联系的好媒介。如果你经常在外工作，利用这个平台会有些困难，因为你不能成为白天教室里活跃的一分子。那就到了露天看台和礼堂座椅发挥作用的时候了。在运动会或者学校的六一演出时，问你的邻座："哪一个孩子是你家的？"然后就可以顺杆儿爬了。

**当你在幼儿园小小莫扎特课堂上为《巴士上的车轮》鼓掌时，你如何与身旁的妈妈建立关联？**

如果你的孩子还在学前班，交朋友的最佳方式之一是与其他同龄娃的妈妈们一起参加亲子小组。你可以检索当地妇幼医院的信息，在玩具店搜寻孩子们共同感兴趣的东西，或者浏览相关论坛，总有一个办法能让你找到同一个区域的妈妈聚会。

你可以创建一个活动小组，不管你的爱好是针线活还是打排球，或者进入一家绘本馆、健身房或者社区剧院。我的

# 即便是害羞的妈妈也可以采用的六种建立关系的方式

**1.** 乐于助人。当另一位妈妈讲话时，快速翻翻你的记忆名片盒。她正在抱怨找不到一家令人满意的瑜伽馆吗？记下她的号码，邀请她与你一起到你的瑜伽馆——在你意识到之前，她可能就是你“意外”的朋友。

**2.** 利用科技。在“妈妈与我”这个节目结束之后，将电子邮件列表收藏起来，以便继续交流。

**3.** 孩子做借口。“你看，琪琪和兮兮相处得多融洽啊！我们应当让她们下次再在一起玩。”

**4.** 求助达人。你认识某一位相知遍天下的朋友或者姐妹吗？让她将你介绍给她认为你会喜欢的人。

**5.** 言出必行。当你说到你通常会在星期二上午 11 点参加踏板操训练班，请确保准时出现。

**6.** 共享信息。你可以随身携带一支笔并在钱包中放一些便笺，或用你的智能手机发送一封电子邮件以便交换联系方式，或制作你自己的“联络卡”。不管你喜欢哪一种方式，随时准备与潜在的朋友交换信息。

并不是每一个熟人都会成为你一辈子的好朋友。你潜在的朋友可能太忙了，不能回复你。如果抛出去的球“砰”地落在了另外一个妈妈的院子里，也请不要放在心上——重整旗鼓，再试一次。

## 辣妈心经

“直到去参加一个亲子小组之前，我很难打破与其他妈妈们之间的僵局。在那个聚会上，我为那些妈妈们带了一些自制的甜点，它们大受欢迎，每一个人都想要食谱，因此我让这些妈妈们把电子邮箱写下来，社交机会就源于此！”

经验告诉我，读书俱乐部——一个貌似平淡无奇的选择，通常会变成一场令人开心的聊天聚会。即使你一直在八卦明星恋情，而不是唐诗宋词，但你依然能交到很多好朋友。

在线朋友可能是对妈妈们的恩惠，她们可以高度适应你的日程表。你可以在深夜或喂奶时上网，也可以当孩子们去上学的时候上网。需要注意的一点是：虽然网络可以提供很多与其他妈妈们建立并保持联系的方式，但是谨防用网络友谊代替现实生活中的朋友们。如果你现实中的朋友与网友之间的平衡被打破，请扪心自问，你最看重网络友谊的哪个方面，看看你能否从自己的现实生活中找到。请缩减在线时间，改为花些时间去拜访朋友或者给朋友打个电话。

## 请勿结党

通过理性的思考，我们在高中的时候就对结党和嫉妒嗤之以鼻，但当你试图在街坊邻里或者孩子们的学校打开社交密码时，很容易感觉到你正处于没有立足之处的尴尬境地。突然间，所有这些你原本以为都已经抛之脑后的不安全感又都浮出水面。（你的发型有什么毛病吗？或者，是因为你的鞋子？）

好消息是，现在你已经是成年人了。如果你渴望加入那些从孩子们出生开始就彼此相熟的妈妈中间，尽管试试看，又有什么大不了的？暂时放下恐惧，走过去，打个招呼，做个自我介绍。请相信我，她们不会在你后背贴上“踢我”的标签。如果你发现她们不怎么接纳外人，可以创建你自己的圈子，一次交一个朋友。这样，在你尝试了解新的群体之前，你会有自己的女性朋友圈子可以依靠。当你迈出脚步时，请记住，边缘人士通常会感觉异常孤独。请与那些看起来和你一样不大自信的妈妈们交流。

## 该放手时就放手

一边寻找丢失的乐高玩具，一边尽量避免玩积木的活宝们沦为眼泪鼻涕虫，这是你每天都要面对的戏码。感到筋疲力尽？同样的，如果你感到要维持跟一个朋友的关系，让她乐于跟你做朋友也像一份全职工作一样吃力，那么这段关系也许该落下帷幕了。

一些征兆表明，可能是时候放松或切断关系了：你努力保持联系，而她则出于不是那么紧急的原因取消重要的会面；大部分时间都是她在讲话，或者你们的相聚让你有种被掏空而不是充满活力的感觉。如果你觉得一位朋友从友谊中索取的比其愿意给予的更多，或者在你们共度一段时光之后你的自我感觉不是那么良好，可能需要重新考虑这段友谊了。

**辣妈新知**

一半的妈妈们将社交网站设为常用网站。

如果你也其中，请确保你可以进行视频聊天！

——育儿网

**摆脱朋友们从不是一件容易的事儿，但是——就像清理蔬菜篮子一样——有时候是有必要的。**

摆脱朋友们从不是件容易的事儿，但是——就像清理蔬菜篮子或勇敢地面对储物间的杂物一样——有时候这是有必要的。当你朋友的电话号码在你的来电显示上闪过而你有种虚脱感，那么你可以考虑分手了。强扭的瓜不甜啊！你会有机会找到另外一位朋友的。即便所建立的有些友谊半途而废了，那也是人之常情。

无论如何，保持开放的心态，用温和的方式分手。可以通过减少与朋友在一起的时间来逐渐摆脱，让她知道你的日程表安排得满满当当，并且建议如果你的时间表允许的话，你去找她会更有效率。请友好一点儿——但是——当然，你没有时间。

# 天涯海角

这种情况一般发生在最好的朋友身上：生活太繁忙了，你错失了朋友一次或六次电话，现在你有点儿局促不安，不敢再回电话。但你的内心知道友情依然深挚，即使你们不在一块儿。不管究竟是谁的“错”导致关系冷淡——如果友谊对你而言很重要，请发一封电子邮件或者这就拿起电话。

如果唐突的电话联络让你觉得难为情，那么就等到她生日的时候，寄送一份别出心裁的礼物，附上一张诚意的卡片。尝试与一个重要的人重新取得联系，你将永远不会遗憾。更多的建议：寄一张你“无意中”发现的你们俩的旧照，用一个她喜欢的、可能微不足道的礼物给她个惊喜（比如她比较喜欢的草莓蛋糕），或者将你的孩子放到电话前，让他打个招呼，作为一个不错的破冰。谁会拒绝呢？

## 如何成为某人清单上的一员

交到良友的最佳方式是让自己成为一位良友。就算时间和耐心有限，但你可以通过体贴向其表达你的关心。

在杂货店给你的邻居发信息，看她是否需要牛奶；钢琴课练习之后，将其他人的孩子顺路载回家；或者把一篇让你想起高中最好的朋友的杂志文章发送给她；甚或寄一封信——在当今是何等令人陶醉，你将制造特别的惊喜。如果一位朋友的微博表明她正处于艰难时期，请发给她一条私信或者给她打个电话。当你的朋友正在考虑培养一项新爱好或者调整职业目标时，请予以鼓励——我们能够送给朋友的最佳礼物之一，是对其目标有信心，因此对她的决定表示称赞。在她不得不加班的那些日子里，帮她照顾孩子们。

主动伸出援手通常都是受欢迎的，不要等待求助。当你在她家串门时，一边聊天，一边帮她将洗好的衣服叠起来或者将碗碟放在洗碗机中。你也可以把孩子从朋友手中接过来——对她来说，在商店度过没有孩子羁绊的一小时购物时间犹如在天堂。比这更好的是，你可以在晚上将她的孩子带走两个小时，给他们洗完澡之后再送回来。这时，他们已经身着睡衣，可以马上睡觉了。

## 朋友是每一位妈妈的必需品

请勿低估一个小小的动作能给艰难度日或处于噩梦般夜晚的朋友带来多大的帮助。克服重重困难帮助他人，无论何时都是令人钦佩的。打开自己的心扉，也会给你带来意想不到的好心情，让你达到非常完美的状态，这就是双赢。

朋友是每一位妈妈的必需品。通过一些创意，付出一些努力，你可以组建自己的支持小组，当你经历人生的风风雨雨时，可以依靠她——反过来，你可以成为每一位妈妈都需要的良友。

**迈出第一步**

最近，有另外一位妈妈帮助你了吗？比如从她的钱包中找出一枚棒棒糖，将你从照顾蹒跚学步的婴儿的崩溃状态中解救出来？立刻发送一封简短的感谢信（电子邮件也可以）。你会因此感觉良好——同时，也让对方感到喜悦。

# 6

## 保持自然心态

我们都经历过生活中各种意外的打击。你的计划看似完美无缺：把儿子送去练空手道，在他训练时插空去购物，然后取回干洗好的衣物，再回去接儿子。你意想不到的是他会忘记带腰带，干洗店员找不到你的衬衫，车子突然发出噪音，就像热水中的野牛（过后你会觉悟，那就是修车时从银行卡上刷走那 1000 块钱所发出的绝响）。

这些糟心的事儿还有救吗？当然——你只要顺其自然。这就是成为一位幸福快乐的辣妈的第六个秘诀。有了孩子就意味着你的生活总是处于一点儿小失控之中。妈妈们会情不自禁地试图掌控生活，避免麻烦发生。但是作为妈妈，我们唯一能做的计划的就是允许计划外的事情发生，并为此未雨绸缪。我们有两个选择，要么按原计划推进，甘愿为此处于拧巴的状态，要么拒绝让拧巴的状态出现。

放松不仅限于成功拒绝诱惑，阻止自己把日程表排得满满当当——放松是一种心理状态。和孩子在一起，变化总是不可避免又出人意料。例如，女儿没来得及脱下舞蹈紧身裤就尿了，这时离演出开始只有一小时。你会怎样？抓狂？从朋友那儿再借一条裤子？还是打电话给孩子爸爸让他在附近商店再买条新的？

当危机降临，我们唯一能做的就是深呼吸，告诉自己都会好起来，并且找到一个应对危机的策略。不一定非得是完美的解决方案（例如再买一套全新的舞服），但我们仍可以在力所能及的范围内把事情做到最好（例如把紧身裤弄干，让它看起来和其他孩子的衣服差不多就可以了）。

让弄湿的紧身裤破坏你的心情真是太不值得了，这些时间你本可以拿来给照相机上电池，给你的小舞蹈员一个拥抱，祝她好运。如果你崩溃了，那会把你和身边所有人都拖进压力山大的情绪沼泽中。当然，如果你已摆好姿势，能够接受随时出现的变故，那么毫无疑问，你在与各种妈妈危机的遭遇战中会更加游刃有余。无论你是一位把每一餐蔬菜、肉类和主食的配方案都列入计划表的精明妈咪，还是几乎无法记清日期的迷糊妈妈，这里的妙招都能帮助你做到适度放松，每天的生活会更加顺利——当然也会更幸福。

## 用周计划取代日计划

每天只有 24 小时，找到丢了的账单容易，省出做事的时间和精力则不那么容易。正如儿科医生建议我们判断孩子是否挑食要观察七天而不是二十四小时，对于那些我们必须做的事（和想要做的事），应该采取一种更宏观的态度去计划和实施。

不必事事安排得滴水不漏，什么周一去批发市场，周二去水族馆，周三参观书展等等，应该随时准备做出调整。如果今天气温 20 多摄氏度，阳光明媚，你们当然要毫不犹豫地去森林公园，而不是去逛商店。如果还在上学前班的孩子十分稀奇地睡起了午觉，改在本周的其他日子再去水族馆看小丑鱼也不是什么大不了的事儿。做一做 66 页上的测试，看看你是怎么看待“顺其自然”的。

从测试结果中你学到了什么？作为一位母亲，生活充满了意想不到的事，你永远不知道钢琴老师会不会早来，而客户会不会忘记约定的会面。如果你的工作有严格的日程要求，或者你没有后援团的话，会感觉时间更加不受控制。这里有几个妙招能帮助妈妈们在日常忙碌的生活中保持冷静。

### 辣妈心经

“我带第一个孩子的时候总是有很多担心，但是有了第二个孩子后我就开始说‘哦，小蒂姆在人行道上摔倒了，擦破了膝盖——没什么大不了的！’我总是会担心一些重要的事，但是慢慢地我学会了每天顺其自然。作为妈妈，所有的事情都是全新的，我在不断学习如何做妈妈。”

## 快问快答

### 你的弹性空间有多大？

**早晨八点保姆说不能来了。你的小朋友从自行车上摔了下来。是的，为人父母的过程充满了各种意想不到。**

**你是从容面对还是当个逃兵？**

**1.** *你做饭的时候，两岁的小家伙试图把他的鞋子从马桶里冲走。等你把鞋抢救出来，饭烧焦了。怎么办？*

**a.** 临时凑合一下。把早饭热一热当晚饭吃，有人这么干吗？

**b.** 忍不住说句脏话（下次外婆来家里的时候，孩子们会在她面前脱口而出你说的这句脏话），瞬间决定在周日把下一周的菜谱都列出来。

**c.** 晚饭？已经晚上六点了吗？只能喝西北风了。

**2.** *你在杂货店购物的时候，你的孩子大声哭喊，声如炸雷，一通乱踢。你会：*

**a.** 径直去收银台结账，尽管购物单上的东西只买了一半。你琢磨着今晚的扁豆焖面里不加酱油会是什么味道。

**b.** 咬着牙继续走，这时其他的购物者纷纷向你投来意味深长的眼光。

**c.** 丢下半满的购物车，抱起孩子，径直出门。

**3.** *今晚你打算和朋友们出去吃晚饭放松一下，但是老公突然来电说晚上要加班到很晚。你会：*

**a.** 邀请朋友（和她们的孩子）来家里做客，临时做一些饭菜招待他们。至少你终于可以告诉你婆婆你用了她在圣诞节时送你的海底捞火锅料。

**b.** 发一通脾气，然后打电话找临时保姆。

**c.** 马上通知朋友们你不参加聚会了。

**4.** *今天你想带孩子们去图书馆和博物馆，但是起床后发现天气很糟糕。你怎么办？*

**a.** 不去了，领孩子们在家用彩泥做东西。

**b.** 找出雨伞和雨衣。风雨无阻。

**c.** 一时不知道该怎么办。

**5.** *尽管通常你不喜欢用电视作保姆，但是工作项目赶着完成，你急需有什么东西能吸引孩子的注意力。*

**a.** 让孩子们好好享受一次《喜羊羊与灰太狼》，这样你也不用因为完不成工作而失业了。

**b.** 坚持己见，不让孩子看电视，尽管这就意味着你要熬夜到很晚，没觉睡（咖啡因和遮瑕膏就是为此准备的）。

**c.** 打开电视，然后聚精会神做工作，甚至忘了关电视或者做饭。

**测试结果**

**多数选 A：** 你在计划和变化之间游刃有余。你能享受放松的睡眠时间，就算蹒跚学步的孩子在儿童床上翻下去摔伤了下巴，需要你重新做计划，这都不会动摇你。

**多数选 B：** 你绝不屈服于心血来潮和他人的牢骚，即便天气骤变也不能让你改变计划。其实偶尔让孩子们晚睡一刻钟不会让他们放肆得没边儿，却可能会让你的生活变得轻松。

**多数选 C：** 你总说规则就是用来打破的——假设最初你定过规则的话。灵活变通是好的，但是适度建立规则可能会让你从中受益。

辣妈新知

对于55%的妈妈们来说，一个因为孩子而搞得压力山大的早晨，要比一天糟糕的工作还要糟。

——亲子网（parenting.com）

## 含糊其辞

孩子们总是记不得鞋子放在哪儿，但要说到你曾经的承诺，他们就像电脑硬盘一样准确可靠，也就是说，他们不会忘记你的承诺。那么你会不会忘呢？如果不确定能不能履行承诺，就不要承诺！与其说“饭后我们去吃DQ冰淇淋”，不如说“今晚我们可以吃冰淇淋”。这样如果孩子累了，感觉又热又躁（或者有这些感受的是你），不想出门，你大可以从冰箱里取出一盒冰棒给孩子们分享，你也不妨跷起二郎腿好好享受一根。

谈起关于承诺的话题，不要忘了你承诺的对象也包括朋友、家人和同事。六周之前你说你会陪好友去逛街买春装，听起来似乎很遥远，但春天马上就要过去了，你的周末安排得满满当当，根本连根针都插不进去。我并不是说不要承诺帮助别人。但是，你首先要确定你的承诺能否履行。

如果某件事要很长时间以后才做的话，你要考虑好所有可能出现的问题，因为那可能会使你无法履行承诺。

## 精简你的日程表

如果你定好了下午三点一刻去拼车，三点半上艺术课，五点参加足球训练，七点去看木偶剧的话，你又哪儿来的时间“顺便”到邮局取个包裹，再“拐个弯”到图书馆把昨天已经到期的书还掉呢？即使你一路畅通、一点儿交通堵塞都没遇上，再即使你是个飞车高手，这样的安排也是个难以完成的任务。

多年来，父母都受到这样一个想法的影响，也就是我们都欠孩子“一臂之力”。于是让他们参加各种提升技能的活动，包括外语班、音乐班、课外辅导、体育项目、芭蕾或者所有

# 从恐慌到平静

儿子把科学作业忘在了家里，直到你们把车开进了学校停车场他才想起来。你如何能做到不崩溃？

1 **数十个数。**也就是慢慢冷静下来。把车熄灭，打开广播，闭上眼睛，或者走出去——无论做什么都可以，让自己平息怒气，恢复理智。

2 **整理思路。**想必孩子正在心惊胆战地望着你，等着你大发雷霆臭骂一顿。安抚一下孩子，告诉他事情已经这样，现在需要想办法解决问题。

3 **预想后果。**如果你开车回家，上班会迟到。如果作业交得晚了，儿子的分数就会受到影响。虽然这都不是好事，但它们到底该算悲剧还是烦心事呢？

4 **考虑别的选择。**你丈夫能不能在午饭时间回家？就让儿子得一次低分可以吗？毕竟，他的功课是他的事。

5 **采取行动。**一旦你定好了计划，那就随它去吧。没必要和儿子争执（木已成舟），或者为了工作而不安。

## 辣妈心经

“最初，我总是要把宝宝的衣服裤子穿得好好的。后来我意识到，有时他穿着纸尿裤、短裤或者光着屁股到处开心地跑，我却追着他让他把衣服裤子都穿上，实在有点过分！”

这些活动都让孩子参加。

在内心深处，我们也知道这么火急火燎地参加这个班那个班是疯狂的举动，但是不让孩子参加这些活动似乎是对孩子的不负责任。如今，靠谱一些的专家们都不断地告诫父母们应该放轻松。孩子们需要自由的时间去玩耍、思考和害怕（以便他们不会被压力压得透不过气来）。无聊能教会他们如何变得有创造力。毕竟，你知道是谁第一个想出用空牛奶纸盒制作成一艘了不起的帆船？一个感到无聊的孩子，一定是！

有的孩子和父母就想要比别人更忙碌，但底线是：你不一定非要孩子参加所有的活动。在这方面，如果你设定了某些条条框框，实际上对孩子更好。大一点的孩子可以一次参加一个课外活动，小一点的孩子则不要参加任何正式的课程，尤其是在暑假的时候。暑假里我们家的座右铭是“轻松生活”。我发现全家人都喜欢去当地的儿童博物馆，去野外徒步，聊聊天，读书和看看电视里的少儿节目。嘿，今天我看了《动物世界》，比从前更加了解鳗鱼繁衍后代的过程了。

### 听起来似乎是矛盾的，但却是正确的，有规律的生活让我们更放松。

听起来似乎是矛盾的，但却是正确的，有规律的生活让我们更放松，而不是更紧张。时间表的合理安排，生活组织的井井有条，一切尽在掌握，将要做的事情按照轻重缓急排列，了解什么是家里必须要做的事（无论什么事），这些对于培养灵活性都是至关重要的。在第八章中，关于制订计划我们会有更多的讨论——那将把你的生活变得更加轻松。这些最基本的事情做到了，顺其自然就会成为你的自然心态了。

如果在你的计划中有一块儿是留白——例如是周三的上午或是周六的下午，没关系——这样你就有储备时间来应付突如其来的事情了。你可以用空闲的时间把女儿头发上粘的口香糖弄掉，这可能是最极品的事儿了。最滋润的事情呢？莫过于你可以用空闲的几个小时来斗地主，在阳台上喝杯柠檬汁，或者和孩子窝在沙发里给他读书。

## 从小事开始

如果最初你认为改变让你感到恐惧的话，那么恭喜了：你是对的。放弃掌控一切的幻想并不总是一件容易的事儿。有时候我认为如果一件事得过且过了，其他的事就会像粘起来的纸牌屋一样一碰即塌。我发现如果我稍微做点准备，处理事情就更容易。例如说，蛋黄酱见底儿了或者奶酪发霉了，推迟一天再去超市买可行不通。主食材料要随时备好——我说的不仅仅是去杂货店购物（尽管你可以靠着蛋黄酱和一罐三文鱼对付了事）。我们要面对现实：不是谁都能做到顺其自然。如果你是顺其自然的那种人，那你更擅长处理生活中出现的小麻烦（错过的公交车或者烤煳的饼干）。但如果你不是那种人的话，你就要更加努力地去规划生活，以便应对突如其来的事情。培养一种良好的心态，一种“就算今天不给孩子买开学需要的文具天也不会塌下来”的心态。有时举手之劳能帮你做好预案，例如列出保姆名单，在车上备好替换衣物或者下雨天也能玩的棋盘游戏。这些都会帮你在遇到突如其来的变化时随机应变。即便是碰上突然的大雨，只要未雨绸缪、保持冷静，你就能做到沉着应对而不是惊慌失措。

**迈出第一步**

在制订计划清单的时候像可可·香奈儿（Coco Chanel）一样思考：把所有的事情都写下来，然后删除其中一项。

# 7

# 营造舒适空间

**在我有孩子以前，我从来不知道什么是整洁。多年以来，我的衣橱总是乱得像是被小偷光顾过。但乱七八糟似乎也没什么大不了的：只需要花几个小时整理，就能物归原处，而我也有时间收拾。**

现在我有了孩子。突然之间，我的“空闲时间”不见了，因为这个小家伙把我整理房间的所有努力毁于一旦——同时还制造出了一堆新的麻烦。我在努力照顾我的第二个孩子时，很少能让头脑从混乱中跳出来（我的脚底时常踩着地毯上散落的培乐多彩泥），我总是在想，为什么无论我怎么努力维持，我的家看起来都这么杂乱不堪?

当我家迎来第三个孩子时，我突然意识到了什么。我总计划在孩子睡着后用零碎时间收拾房间，这个办法根本行不通（像和老公抽空滚床单一样！）。同样的，如果我打算堆到周末再收拾，那就很可能会永远推迟下去（像……额，你懂的）让房屋保持整洁应当成为一种生活方式。这样做的回报是：家会变成一个让人精神焕发的地方，而不是一个让主妇抓狂的地方——每当门铃响起，即使只是快递员透过门缝往里看一眼，主妇心里也会忍不住一阵心虚。

不过，别误会，我的家离完美差得远呢！家里的背包和玩具散落各处，我也曾在满是灰尘的梳妆台上，用手指记录电话号码。但大多数时间，家里还是很干净的，至少最近几天，厨房的台面上没有残留的菜汁。我整理家务是为自己好：我绝大多数时间都待在家里，如果家里太乱了，我就想逃出家门，或者干脆看些糟糕的电视节目来逃避现实，而没法打起精神勤快地收拾屋子。

## 再见，尘土

虽然我想让我的家看起来很宜居惬意，但我也不想把家收拾得跟酒店一样。无论是否喜欢，有些家务活儿我们得放在首位，以免自己变得像囤活儿的仓鼠。尽管如此，我还是能想出很多我愿意做的家务事，而不是勉强自己抛光厨房的水池。本章不是要给你更多做家务的压力，而是帮你理顺思路，哪些家务活让你觉得轻松又有用，哪些又让你感觉不堪重负。我们还要谈谈如何尽量少的“制造”家务活儿。无论你和你的伴侣是否有洁癖，我猜你们中的一个人可以运用一些清洁小窍门，以保持一切井井有条。

### 什么让你抓狂？是门旁乱放的鞋子，还是餐厅桌子上的纸张？

要了解如何让你的屋子井然有序，方便整理。（除非你已经是家务达人，那你就可以高枕无忧了！）一个良好的开端就是确认你的引爆点是什么——什么能让你抓狂？门口乱放的鞋子还是餐厅桌上的纸张？总有些杂事会搅得你内心不宁，仿佛整个房子都失控了。对于那些最让你抓狂的事要当心。在它们触发到你的引爆点之前，给自己定下“冷静”和“有效”这两条原则，也许能启发你把其他事情也理顺。

第 76 页的测试可以分析出你是否深陷“脏、乱、差”之中。

### 辣妈心经

“我得不断提高对混乱的忍耐力。一整天里，我们会有几次时机专门来收拾玩具：饭前、出门前、孩子午休和洗澡时、客人来访前。起初，打扫卫生是个游戏。我们告诉女儿‘你太小了没法自己收拾’，结果很神奇，她就自己开始收拾了！”

## 快问快答

### 是否要一尘不染？

**有些人喜欢一切整齐有序。另一些人甚至不知道海绵是什么，除非他名叫“海绵宝宝”。你符合下列哪种情况？**

**1.** *你有 15 分钟收拾厨房，你会：*

**a.** 拖地，清洗微波炉，擦水池。

**b.** 打扫台面的碎屑，把罐子按大小排列。

**c.** 看一眼水池里堆积的盘子决定晚上出去吃。

**d.** 才 15 分钟？根本不够收拾的啊！

**2.** *你浴室的台面上最可能放什么？*

**a.** 要看是在早上快速整理之前还是之后。

**b.** 各类整洁的瓶瓶罐罐。

**c.** 黏乎乎的瓶瓶罐罐。

**d.** 除了从明亮窗户里射进来的阳光，什么都没有。

**3.** *“收拾屋子”对你意味着什么？*

**a.** 擦洗，拖地，除尘，消毒。

**b.** 收拾玩具，扔东西，归置物品。

**c.** 想想让一只刺猬去打排球有多难，你就能理解我了。

**d.** 各种小工具和专业清理工具并用，耗时六小时的浩大工程。

**4.** *下面哪句话最像你常说的？*

**a.** “这股味儿哪儿来的？”

**b.** “这堆东西哪儿来的？”

**c.** “这味道是从这堆东西中出来的？”

**d.** “我闻不出家具清洗剂的柠檬味了。该打扫了！”

**5.** *你家东西多吗?*

*a.* 我希望东西少些，我试着只花钱买我需要的，但我老控制不住。

*b.* 我家东西可能太多了，但每样东西都放在合适的地方。

*c.* 我曾经在一堆摆设里找不到孩子，好在我能认出她的红发夹!

*d.* 庙里和尚的财产都比我多。

### 测试结果

**多数选 A：干净第一**

你家的地板干净到东西掉地上都能吃，但你家里所有的台面都摆满了东西。

**多数选 B：整齐有序**

你不介意那些画框上是否有灰，只要它们排列整齐。

**多数选 C：邋遢夫人**

可以大胆地揣测(好吧，确定的)你生来就没有做家务的基因。

**多数选 D：完美主义**

你敢让任何人带着白手套在你家测试。事实上，你随时可以借给他们一双刚洗完的手套。

**辣妈心经**

“我告诉我两岁的儿子，他的玩具晚上要睡觉了。他跑向玩具，捡起一个，说‘晚安，汽车！’然后把小车放进了玩具盒子。现在只要我告诉他，他玩累了，要去睡觉了，他就会马上收拾。”

## 清理

如果灰尘让你情绪低落，那么稍稍清理一下，你就会心情大好。打扫房间不是件容易的事，但这是我们“应该”做的事。或者举例来说说：我们“应该”每两天用牙线清洁牙齿。这么做的结果是让我们活得更好。我收集了一些有用的技巧，希望能帮到你。将家务切分到每天，你就会觉得容易完成，这很有效。我希望你带着好心情接受这个建议，看看会发生什么。我猜这会成为一种习惯，你会感觉良好，进而准备解决下一个问题。

**随时打扫。**利用零碎的时间段打扫，比用整个一小时打扫更容易（面对整幢房屋像是面对一个复杂的科研项目）。面对现实吧：一旦你坐进沙发打开电视，就什么都干不成了。在你开始消遣活动之前定个小目标：你想让客厅变成什么样——完成再坐下来看电视，心里会更踏实。

**开发能同时进行的任务。**孩子吃早饭时你可以擦冰箱上的指纹，一边擦一边考孩子单词拼写，顺便再收拾厨房台面（而孩子又在冰箱上摁了新手印）。

**借助电话粥。**尝试一边打电话一边做些工作。一边和朋友闲聊一边清扫垃圾，这会让你的心情放松，不知不觉活儿就干完了。买个头戴式耳机，你就能把你的电话粥跟给孩子擤鼻涕、清扫房间、刷马桶同步了。如果你不爱闲聊，那就用耳机听广播吧！

**全都一起洗。**除非洗精致的衣服、掉色的衣服或崭新的衣服，其他衣物，你不需要非得分开洗涤。

**每天擦水池一次。**别等到污垢已经不可收拾的时候再去擦

# 丢掉它

有时候，你会很舍不得扔掉自家的旧东西。清理物品，可是通向宁静之路呀！没用的东西、很难修好的破损物品、过期的东西，最好还是扔掉。

现在就扔掉（或回收）的：

**1.** 已经过期的活动或派对宣传单。

**2.** 磨损了的牙刷或是掉齿的梳子。

**3.** 过期食品——是的，那些不错的芒果干，还有几年前同事送的百里香酸辣酱。

**4.** 不成对的袜子。

**5.** 过期的优惠券。

# 捐赠

有些东西不是没用，只是你不再需要了。可以把那些不舍得扔掉的、有感情的东西送人。如果你觉得某样东西“还是好的”，那么就看看身边的朋友是不是需要吧。

把下列物品打包放入“捐赠箱”里：

**1.** 不合身的、从来没穿过的衣服。

**2.** 不喜欢的礼物。

**3.** 柜子里的毛绒玩具（或是孩子玩剩下的玩具）。

**4.** 由你亲手制作但现在只能攒灰的手工玩具。

**5.** 没用的冰沙机——买来后才发现功能和已有的搅拌机一样；以及其他没用过的小家电、小工具。

## 辣妈心经

“有了孩子后，我放松了对‘脏’的定义——只有当我走路时发现鞋子发黏，我才会去拖厨房的地板。但有些事我仍旧不能忍受，比如台面上堆满东西。如果早上我看到一个干净的桌面，一整天我都会很高兴，至少，也能开心一早上！”

洗水池。把清洁剂放在厨房和厕所，你就能随时清除视线范围内表面的赃物，例如你看到了一摊尿。（如果你有四个儿子，这样的事一天就能发生六次！）如果你每天都能有几分钟注意厕所是否干净，你永远不用穿着防护服清理厕所了。

**现在就做**。如果你对自己说“这周末我要清理灯上的灰尘”。那不要等到周末，现在就是机会。在“现在”和“然后”之间会有很多事进入日程表。如果你抓起一件脏衣服立刻去洗呢？（也可参考第 93 页的“两分钟法则”）

## 战胜混乱

必须声明：我不是劝你扔掉你的东西。我们都会保留某些东西——杂志、特别的小摆设，或是大学纪念品——我们喜欢，是的，这让我们感到幸福。我鼓励你整理好这些你喜爱的东西，这样你可以享受它们，还丰富了你的收藏品。

如果你和我一样讨厌混乱，那“被混乱包围”的状态，就会成为我们的情绪杀手。幸运的是，把每天看到和用到的东西整理好是很容易做到的。把钥匙挂在挂钩上而不是扔在桌子上，并不费事。你做到了，房子会更规整；做不到，屋子就会变乱。（如果出门送孩子去上学的时间已经晚了 10 分钟，你是不是还要展开犯罪现场般的调查，去搜寻钥匙的下落？）

**建立进家门的例行程序**。如果你的房子是个“灾难现场”，而你不知道从哪儿开始，这可以是简单的第一步。你进家门的程序可以包括：挂上大衣（考虑在进门处挂一排符合孩子高度的挂钩），排整齐门口的鞋子，把你的手提包（里面放好钥匙）、背包、饭盒等放在指定位置。和你的孩子一起养成这个进家门的好习惯，不久，家里每个人都会自觉做好的。每个房间里放个篮子。把原本不属于这个房间的东西扔进去。

鼓励孩子这么做，同时鼓励他们从篮子里找出属于自己的东西。

**和大包小包说再见。**如果你被各种可有可无的杂物包围，拿个大袋子，把它们装起来，捐给二手店。每次装满一袋，就扔进车里，记得捐出去。每周都这么做，直到你觉得剩下的东西是可控的。手边永远放着“捐赠袋”。

**添置物品要谨慎。**如果去大卖场购买日常用品，那就意味着你回家时可能有好几袋东西不是日常必需的，但你却不愿意放弃，而这样你也省不了什么钱。朋友也许会赠送你运动器材或者玩具，但只有当你和孩子真的打算使用它们时，再去接受朋友的好意。如果一大盒宽面只卖几块钱，你能把持住不买吗？还是赶紧吃掉现有的面条再来买吧！

**推迟购物。**如果你盯上什么东西，试着等等再买，当心销售诱饵！如果那件羊毛衫注定是你的，那过几天它还会在货架上的。不过这条原则也有例外。如果有一条牛仔裤穿起来显得你屁股很小，就立刻买吧！

**狠心处理手工作品。**是的，即使这个棉花球做的兔子是你的三岁宝贝在学前班做的，也该扔就扔。保存一些能够让你想起孩子的特殊东西，比如给他的作品拍一张“全家福”，里面有那只不舍得丢的粉色小熊。在扔掉手工作品前，你也可以抓拍一些照片。但你没有必要保留人生中的每一个棉花糖雕像。

**别一个人干所有家务活。**亲自动手保持屋子整洁会让你感到满足。如果干家务活让你很开心，那就太好了。但独自干活很有可能会让主妇对另一半产生怨恨情绪。如果经济能力允许，雇个保洁员也不错。这可比婚姻咨询师便宜！如果

**辣妈新知**

差不多60%的妈妈每周至少叫一次外卖。

嗨，偶尔从擦洗锅碗瓢盆中休息一下吧，没事！

——育儿网

你有请人来帮你打扫屋子，那么，记得提前收拾好一些东西，以免它们放错、找不到。不要完全甩手不干，记住，雇人帮你干重活，那份钱才花得值。

## 一起干活

家里的每个成员——老公、孩子，那些总是来你家玩的儿子的朋友——也应该出一份力。家务杂事可以教孩子学会负责任，帮家里解决问题，真正成为家庭的一员。即使是小孩，也能把脏衣服放入洗衣篮，将餐具摆在餐桌上。你越多地让家人参与收拾房屋，你就离幸福生活越近，这也是你最终的目标。

如果孩子很小——从他们会走路开始——你就可以训练他们自己拿酸奶，把脏的吸管杯放进水池。大点儿的孩子可以做家务，比如用吸尘器、洗衣服、倒垃圾。如果你不让孩子做家务，理所当然，你就会期待他们在学习或者某项艺术才能方面表现突出——但是他们可能不会做的如你期待的完美。作为一个妈妈，教育孩子当一名优秀的家庭成员，这比培养他成为“成功人士”或者“女强人”要重要得多。

记得我们之前提到的“引爆点”吗？我建议你，而不是建议你的孩子，多多关注这些“引爆点”。如果“不再闪闪发亮的厨房台面”是你的“引爆点”，那你要亲自来清理台面，别交给他人。这样你会对结果更满意。

如果你有老公，那分配家务活会是你们经常讨论的热点。例如，一方在外工作，他或她可能不理解，为什么在家的那一位不能把家务活和照看孩子的事都承担了——他（她）也不明白要干的活涵盖了多么广泛的范围（我明白的！）。解决这个问题可比大扫除的课题更难：这关乎双方如何交流，如何相互尊重，如何做搭档。每个人干多少家务，取决于自己家的情况，包括你们在外的工作量、你们家的孩子能帮多少忙、请保洁的预算有多少。在第十章，我们将会讨论，如果你感觉自己总是那个拿起刷碗布干活的人，该如何和另一半沟通谈判。

### 迈出第一步

在家务清单上最多只列10个任务；鼓励足够大的孩子做他们能做的家务；定上闹铃，10分钟后，铃一响就起身收拾。

## 枕边话

我以前铺床时，看着褶皱的床单和毯子就想："呃，为什么要铺床？我今晚还得搞乱嘛。"但每次我走进卧室，未整理的床铺总会让我心情不好。所以有一天，我决定开始收拾床铺——看看这是不是能改变一下我的心情。

**盖上平整光滑的被子，而不是爬进一堆褶皱凌乱的被单里，这让我更开心。**

我花了几周时间养成每天整理床铺的习惯。没过多久我就发现，自己开始期待这项任务。干净的床铺像是从笔记本上撕下的一页白纸——干净、清脆，充满各种期待。现在，无论房子其他地方什么样，我的卧室就是一个舒适的避风塘。当我晚上回屋睡觉，我很满意地盖上平整光滑的被子，而不是爬进一堆褶皱凌乱的被单里，这让我更开心。

每个人对混乱的忍受程度不同。你家可能总是比你好朋友的家乱一点儿，这没什么。重要的是，你不是和其他妈妈们参加模范家庭比赛，而是找到一个你所需要的干净整洁的环境，让你感觉舒适。因此，行动起来，朝某个方向努力吧，最好从最让你抓狂的事开始。不久你就会发现，保持整洁的家对你的心情影响很大，而你付出的辛苦都非常值得。一旦你养成了整洁的习惯，你就会更享受你的甜蜜小家。

# 8

# 谋划未来生活

我知道，我知道你会说前面花了一整章的篇幅劝说妈妈们要顺其自然，现在又要说，成为快乐辣妈的另一个秘诀是：要有规划？确定没错？放心吧，我不是让你全天二十四小时做巨细靡遗的计划，或是定个五年计划。我说的不是严格意义上的“规划”。

毕竟，我们无法掌控生活的方方面面（回想小时候的青春萌动——现在你真的嫁给隔壁班那个新来的男孩了吗？）但是请相信我，做规划能让你更快乐。为什么？并不是因为做计划的过程很有趣——即便这个过程确实能带来快乐，比如策划一场特别惊喜或是旅行的时候，做计划确实能带给你无限的憧憬。做规划能带来快乐，是因为当你想好接下来要做的事后，你或多或少会对这件事充满期待，对自己的生活更有把握。对生活的把握让你更加自信，所谓自信也可以理解为“担忧的事少，快乐的事多”。

做好每一天的规划和做长远规划同等重要。相比之下，每一天的规划会对你的心情造成更直接的影响。你将仅有的时间——几小时、几分钟，甚至是几秒钟——运用越有效，那你争取到的做自己喜欢的事情的时间就越多，比如看看美食频道的节目，而不是只能花时间做那些无奈的事，比如煮饭。

现在你要是开始慌了，心想“我这个人可不会做规划”。不要担心，做好当下的时间规划（买杂货）以及未来的规划（养老储蓄）的最好方式，是先了解自己。大部分人在构想未来远景或是想到一些美好的小事的时候，就会感觉自己更强大了。未来愿景和现实小事都很重要，它们也许都是你正在思虑的事。

## 做好规划的最佳方式

了解自己平时做规划时的优缺点，规划起来会更容易，也可以避免自己做规划上的不足。请做一下第 88 页的小测验，看看你是属于哪一种类型的规划者。你是敢放胆做梦而到付诸实践时却常常退缩的那种人吗？还是凡事尽善尽美，家人朋友都指望你事事规划好的那种人？

依据情境的不同，你表现出来的规划倾向也会改变。可能在工作当中，你是那种赶着做好每个细节的人，但在家里就凡事混混算了（有点儿乱糟糟）——反之亦然！我曾经形容自己是“细节型”规划者。但我后来意识到自己只不过擅长关注特定的一些细节，像是学校来函中的错别字之类的。（难道没人校对过吗？）

**辣妈心经**

“如果要应付的事情很多，我会提前和孩子们商量好。我会告诉他们，我们家周六有客人要来，你们要乖乖的，但周四怎么玩就随你们了。这样，孩子们自己会玩得很好，我也可以保证其他事正常进行。”

**不管你是否意识到了，简单的规划的确能提升你日常生活的幸福度。**

做长期或短期规划时，要将你自己的规划习惯以及最常忽略的事情纳入考虑范围。如果你能事事考虑周全（相信我，你会让我羡慕嫉妒恨），试着做大一点的规划（买艘游艇！）。如果计划对你来说太宏大，可以先从细节开始（先做调研，要是变卖房产都无法来买游艇，就别买了，干脆加入游艇俱乐部每月过一次瘾）。

如果你是随性而行，逃避规划的人，不妨试着规划一下。在日常生活中做好规划，说不定能为你带来始料未及的快乐。

**快问快答**

**你属于哪一类型规划者？**

**放眼未来，你已有宏图远景，还是只有一些眼前具体的构想？**

1. *以下几种情况，哪种最有可能在你的生活中发生？*

   a. 有线电视没信号，你要拨打客服电话。当第一次出现这种状况时，你就将客服电话设置了快速拨号功能。

   b. 有线电视没信号了，你花了一小时在厨房餐台上筛查邮箱里的来信，查看是不是又忘了付费。

   c. 有线电视没信号，你租了影碟凑合着给孩子们看，然后找客服电话。或者直接钻进图书馆。

2. *试想一下，十年后你会定居何处。你会：*

   a. 头脑一片空白。现在事情已经多到让你应接不暇（三个孩子，一个爱人，一个保姆，一条狗，一份全职工作——在日程上以不同的色彩编排得满满当当）。明年会是怎样都很难讲，别提更远的未来了。

   b. 无比兴奋。未来，一旦孩子告别纸尿裤，不用拿 M&M 巧克力豆去哄就会自己用婴儿马桶，你就会有太多计划准备实施。

   c. 对未来在哪里定居，你已经有了很好的构想，但一直在思考实施的细节（包括像是孩子在哪里上大学，或是养老基金运行情况如何）。

3. *你的车在高速公路上爆胎了，你会：*

   a. 胸有成竹。后备箱里备着千斤顶和其他工具，你知道如何操作。

   b. 手足无措。出门时还觉得带孩子出来是个不错的主意。

现在，你都不知道能不能找到备胎替换。还有，用户手册放哪里啦？

c. 虽然懊恼，但还是很淡定。杂物箱里面可能没有拖车司机的电话，但至少手机电源很充足。

**4.** *该给孩子选择幼儿园了，你会怎么做？*

a. 手头上有一张数据表，囊括了方圆两公里内的十几家幼儿园的现有数据（从师幼比率、考试成绩、获奖次数、每位教师的教学经验）。

b. 小区旁边那栋小型建筑最终俘获了你的心。的确，你还不了解孩子们每天会在幼儿园里做什么，对幼儿园的花费也没有概念，但是那面墙上孩子们灿烂的微笑，可爱极了！

c. 你已经做好了功课，知道什么样的安排最适合孩子。但是你不会去担忧太细节化的问题，像是哪家幼儿园培养出来的孩子将来考入市重点中学的概率稍微大一些。

**5.** *下列哪项最有可能在你生活中发生？*

a. 为了剪下六家店的优惠券，花了数小时。这才发现，要去买一罐便宜 2 块钱的金枪鱼罐头要多花一个小时（另加几块钱油钱）。

b. 你很高兴去超市的时候记得带了环保袋，却忘了来要买什么。

c. 优惠券没有也行，需要买些什么你心里有数，会仔细地挑选。

## 测试结果

### 多数选 A 的属于：细节控

预约？文案工作？都没问题。要是有人问起你未来五年的规划，你可就要跟玩具娃娃一样一头雾水。一个做事井井有条又高效的妈妈是家庭里的宝贵财富。但不妨经常从每日工作计划表和当月安排一览表中抬起头，花一些时间憧憬未来，为今后做些规划，存点积蓄。

### 多数选 B 的属于：远景规划师

你总是在不远处守望着自己的目标。下个月要给孩子们举办聚会，开拓让人惊讶的第二职业，在孩子们取得驾照后，就能最终成行。一些繁杂琐事总是让你觉得束手束脚，真希望寄出一张漂亮的卡片告诉别人“对不起，我在这个周末已经安排了 5 项活动了。”

### 多数选 C 的人属于：平衡达人

孩子要参加野营，你却找不到孩子的报名表。但是在报名申请截止之前，你会想方设法弄到报名表，把所有手续都办好。用 Excel 表将自己的人生规划做个详细列表，从来都不是你的风格。但你会把事情处理好，让它们顺利开展。

测试完，是不是对测试结果感到惊讶？人很容易对自己的优缺点认识不清，执迷不悟。许多时候，往往会发现自己是一个思想的巨人、行动的矮子。把五个孩子扔进面包车，出发去湖边玩一天很容易，而要记得带全妈妈专用包里的东西就可能是个问题。也可能你是另一种截然不同的类型——你很擅长全盘计划好出游计划，但不知道什么时候真的会踏出家门！不管你习惯怎么去规划，了解自己优点的同时，注意弥补自己的盲区。我知道，你们当中还有一些人可能对“效率带来快乐”的观点颇有微词。但不妨尝试一下：真的很管用！

## 循序渐进

在这一节，我想说的是，我们当中有些人更喜欢随性而行的生活，但如果他们的生活多一些规律，或许能受益良多。设想一下，如果孩子们知道他们所期待的事情一天比一天更近、一小时比一小时更近，他们会越来越开心。我发现，一旦孩子们适应了规矩，成了习惯——不管是规定“饭后才能玩游戏”，或是“早餐不能吃巧克力威化”（周六也许可以破个例），他们就会乖乖听话。有时候，应该要破例（请见第六章，我们花了更多篇幅怎么学会变通）。但是如果总是破例，会给孩子一种印象：任何事情都是可以讨价还价的。

如果你还是排斥要去花心思做规划，可以先从那些从早到晚必做的事情开始。现在规划一下待办事项的时间表，然后就按部就班地完成。

**一片花生酱吐司、一杯清茶是早餐必备，没有商量的余地。**

不要忽略自己的需要和意愿（请见第九章，我们有更多的篇幅谈如何关爱自我）。对我而言，一片花生酱吐司、一杯清茶是清晨必备的。或许对你而言，读报时间就是告诉大家请勿打扰。

基于此，你可以做一个简单的日常规划图。后面我们会谈到怎样抽时间享受自己的兴趣爱好、怎样让丈夫分担责任，到时候这个简单的日常规划就能派上用场。（请见第 106 页和 116 页）

**辣妈新知**

超过一半的妈妈表示，“日程安排得太满，没有自己的时间”是她们最大的问题。

可以在日程安排当中，挤出一些时间给自己！

大概有三分之一的妈妈想要缩减多重任务。

另外的百分之十六想要从疯狂忙碌的早晨解脱出来。

——Parenting.com（育儿网）

**辣妈心经**

“我觉得我的孩子表现良好是因为他们生活有规律。我们去购物、去公园游玩、去图书馆都很有规律。我相信他们在该乖的时候能做到比较乖。但我绝对不会在吃饭或是午睡时让他们去做事！”

开始规划的时候，思考这样几件事：什么时候你的精神状态最佳？状态最佳的时候可能最适合带上幼小的孩子去公园玩秋千，推他玩上一个小时也没问题。当你要算账或是外带工作回家完成时，需要保持清醒的头脑，你就得先想办法把孩子们打发走。所有人——当然其中包括你自己，什么时候最容易变得胡思乱想，情绪低落？或许你可以预留一些时间让自己静一静，调暗灯光，读一本书，慰藉你的心灵。（这段时间不用去想什么紫色的恐龙玩具，全当为了自己好；这段时间没有妈妈喋喋不休地劝导孩子吃蔬菜，也是为了孩子好）

要是你发现某项事务做起来苦不堪言，可能是你处理的时机不对。现在想来，几年前给孩子辅导数学作业时都急哭了，反应是有点过激（但也不算是很过分——三角函数让人崩溃是有一定的原因的）。当时我们选择在睡觉之前做习题，那个时间我的思维迟缓，脾气暴躁。而在下午辅导孩子作业，解题思维就清晰很多。多多尝试，逐渐找到让自己舒服的节奏，如此周而复始，日复一日，让家人都养成习惯。

时不时地，你的节奏也会被打乱一下。宝宝在睡午觉，足球赛却开始了。又或者出去旅行回来，要倒时差。在我们家，夏天到了晚上睡觉的时候，大家总会抱怨，而我也不确定早上大家能不能准时起床吃饭。但是没关系。在我的努力下，日常规律总会一点一点回归的。如果一家人都明了该做什么，那整个家庭都会更淡定、更快乐。

## 将事情搞定

当然，如果每天能把一些要做的事情完成，不会因为卸装一个洗碗机耗费一整天，这样的节奏应该说更加令你满意。听取一些职场上时间管理专家的意见，对我们的工作和生活会很有帮助。当然，你需要包容一些意外状况，比如狗狗吃掉了芭比娃娃的鞋盒，让你慌忙冲出去找兽医。

**你不再需要最新的、评分最高的规划软件帮你，但你需要制订一套适合你的体系。**

我的朋友伊丽莎白说，她最喜欢两分钟法则：如果有件事情两分钟之内能完成，就赶紧做。做完后你会很有成就感，并且不用再去想它了。

多花上几秒就可以将叠好的衣服规整到抽屉里，而不是堆放在衣橱上面。同样，多走八步就能把垃圾扔进垃圾桶，而不是留在台面上。

另一条重要建议就是：当你发觉某事难于应对、没法进行下去的时候，只要问问自己："下一步该怎么做？"将每一步都具体化，量力而行就可以了。比如，孩子生日快到了，先把生日宴会的请帖买好，不要一开始就试图从头到尾将事情都计划好，要求场面一定要如何热闹。

## 规划人生

堆积如山的待办事项已经在日历上排得满满当当，想再往超载的脑袋里装下所有的细节，肯定不行。勉强这么做一定会感觉不堪重负，常常意识不到自己忘了什么。你要的不是最新的、最棒的规划程序的帮助，也不需要在冰箱门上贴满便签随时提醒。你需要的是制订一套适合自己的体系。

你那些超级规划软件和精明的电脑系统可能对我努力记事的方法很不屑。我会在每月一栏的日历表上将约会安排和

# 辣妈万用随身包

不管你规划得有多好，计划总是赶不上变化。急救箱固然好，可在提包里或车上放一个便携式的急救工具会更好。

手提包里除了放手机，还能放上些其他的法宝：

- 随身携带一条干净的毛巾。这可不是拿来擦鼻涕的。膝盖受伤，一时半会找不着绷带，可以拿来紧急包扎；可以擦擦脖子上的汗；还可以用它把剩下的松饼打包回家。
- 准备好湿纸巾和塑料袋。有了这两样东西，什么脏物都能收拾干净。先用湿纸巾收拾残局，要是不能立马处理好，就将其放入袋子中包好。
- 准备零食。以防孩子或大人饿了。
- 准备安全别针。因为你不知道什么时候，谁的拉链就坏了。别针还可以将任何的毯子或者毛巾瞬间变成一件超人的斗篷，作为奖励送给孩子。

车上备上这些东西，以备不时之需（和后备轮胎和夹克放在一起）：

- GPS导航。这是一个很给力的装置，能快速地让你找对路。
- 餐巾纸、毯子和毛巾。要是上周没吃完的巧克力派把后座弄脏了，用餐巾纸来清理，用毛巾包裹脏物，或者直接把毯子垫在后座上，都是很方便的。
- 带上一套换洗衣服。如果你的孩子还小，你需要给她备上换洗的衣服。记得也给自己备上一套。（不管孩子多大，在飞机上总是记得带上一套换洗的衣服）

时间期限标注出来，此外，待办事项和临时安排都会记在一个普通的笔记本上，随时翻看。笔记本里包含了当日的预约安排、待办事项和提醒。比如说“周三之前，把鸡肉吃了。”“周五还没吃就扔了。”“最迟在周日前查看一下厨房有没有异味。”每个周日，我会将待办事项列个表，之后每天晚上查看一遍，将已完成的事项划去。然后另起一页，重新列个表——将上次的未完事项和新增的事项都列上。

如果你的工作需要经常开会而且有时间考核，或者你是和另一半轮流照顾孩子，可能你需要进一步加强规划。有个朋友使用软件，将她、老公和儿子要做的事项用不同的颜色分别标注，并以邮件和短信的方式提醒。她可以“邀请”丈夫去参与一些活动，比如参加侄女的婚礼，暂且不管他到底去不去。

**你一旦开始做就会发现，规划起来肯定比不规划的好。**

使用软件和用笔头记事一样会犯错，产生的结果都一样让人糊涂。许多人没用记事软件也做得很好。

不管记事软件有多好，它要对你有效才行。如果你属于注重细节的类型，那么超详细的规划体系会让你有如鱼得水的感觉。如果你偏向视觉型，那么你可能喜欢计划可以随时看得到。你做规划肯定比你不规划要好。

## 家庭规划

另一个有助于做规划的方式就是把你对家庭的使命感表述出来，或者至少谈谈你的价值观和目标。这听起来是有点好笑。不过，你不一定要把这些心里话告诉别人。

## 辣妈心经

“你不要指望每天家里从里到外都能干干净净、规规整整。这是不可能的。不过，打扫厨房和洗衣服是我每天必做的。至于其他的，我会每天利用午睡时间挑一件完成。”

将你对家庭的使命感表述出来，是为了让大家了解你们共同的任务是什么，确定家庭的首要目标。一旦你们下定决心朝着共同目标努力，就可以开始具体实施计划，把它们一个一个地实现。把行动具体化，在日历上记录，督促自己把这些目标任务完成。比如，你们都希望家人能更多的聚在一起吃饭，那就安排每个周五晚上为比萨之夜，让大家聚在一起。

如果你们计划完成一个更大的任务，那就将计划的步骤和期限列表进行规划。比如，你们有个更大的想法，就是“参加户外运动”，全家人想一起跑五公里。你可以先上网做调查，看看附近有没有适合家庭一起参加的比赛，然后注册，给大家都买好装备，开始做训练。等大家都跨过终点线时，再一起庆祝。

对于那些有时间限制的目标，你可以提前准备。比如孩子今年秋天就要读幼儿园了，在此之前你准备去迪士尼乐园度假。那么，度假前你需要存多少钱？还有什么问题需要提前处理？比如是不是要提前安排好时间，预定好打折机票？出发前的几个月内（或者不管出发前还剩多少时间），你可以把这些任务分散处理。

## 做出调整

妈妈要操持的事情太多，计划难免有进展不顺利的时候（或者说，很多时候都不太顺利）。一天本来就只有 24 小时，可以确定的是，待办事项肯定超过了 26 件（这远不包含自己想做之事），这里就出现了一个小问题：时间不够用。而当你刚刚适应了一种生活节奏，很可能女儿又因为什么原因不学芭蕾了，改学街舞。而街舞课和芭蕾课的上课时间不在同一天，这就意味着新的拼车安排——什么事情都得重新安排。

如果你已经有不堪重负、毫无头绪的感觉，读了这章你可能想退缩，最好躲在毛毯里。但是要记住：你只需要采取一些简单的步骤，就能一步一步地实现当下目标和长远目标。（提示：终极目标是为了自己，一个更快乐的自己！）

**还记得不需要做的事项列表吗？**请见第 23 页。如果你还没有，马上列一个，能够帮助你剔除那些不需要办的事项，让你集中精力处理待办事项。

**花五分钟做计划。**如果有必要，比孩子早一点起床，或者在睡觉前花上 5 分钟查看一下日历，列个待办事项表，为第二天做准备。

**想想先做什么能提高效率，那就先做那件事。**比如，出门前本来想先弄个食品清单却忘了，直到从超市回来才想起，家里已经有了三箱酸奶了，却没有厕纸。

## 回报

花点时间做计划，将你的时间管理得更好，算是给自己帮大忙。遇到生活中的某桩意外（“妈妈！明天我要在白板上把玛雅日历重现出来！”），你会感觉胸有成竹，甚至——我可以这么说吗？——淡定。如果出现紧急情况，比如轮胎爆了或者谁发烧了之类的，你也不会那么惊慌失措。因为你知道还有回旋的余地，所以你能化险为夷。

我不会骗你：一旦涉及孩子，你就不可能确保计划万无一失。不管是规划未来愿景还是眼前的细节，你都能发挥自己的优势，轻松地开启规划之路。有一个大致的方向，能让你的生活更轻松。此外，想象一下，有一天（总会有这么一天的！）生活会按我们写好的剧本照章进行。

**迈出第一步**

周日晚上，把家人聚到一起，研究下一周的日程安排。同时，把这周的待办事项都在写到日历上，比如周五聚会之前买件礼物。

# 9

# 重拾儿时梦想

一直以来，我都酷爱阅读。从小我就喜欢睡前读书，直到妈妈强制熄灯。（要是没读完，我就会躲在床单下，拿着手电筒继续阅读）

高中的时候，我就把课外书偷偷塞在课桌底下读。我酷爱读小说，我读书不分地点，饭桌上、公交车上、浴室里，都曾留有我读书的影子。阅读对我而言只是兴趣所致，每周的读书时间相当于做一份全职工作的时间。

有了孩子以后，可支配的自由时间没有了。阅读不再是出于单纯的兴趣，而变得有目的性。为了给自己充电，我会去读孕产、哺乳、儿童发展和家庭教育方面的书籍。

我读了那么多育儿方面的书籍，差不多成了一本活生生的育儿百科全书。从辅食制作到小儿腹泻的护理方法，从儿童服装的挑选到儿童艺术敏感期，我无所不知。然而有一天，我发现一个可怕的事实：我竟然有两年没读过小说了。两年！当初的我把一大部分生命投入阅读，而今我已经两年没读小说了！书籍，曾是我生命重要的组成部分，现在怎能被束之高阁呢？现在，孩子确实让我对生活充满了激情——但是，给我带来快乐的另一个源泉正在从我的生命中渐行渐远。

你有没有过这样的感受？或许你曾是个流行音乐迷，但现在，提到“Gaga”，你想到的是孩子拿着洗澡小鸭子逗趣发出的声音，而不是那个穿着前卫的艺人。也许你以前每天坚持体育锻炼，现在唯一可以称得上锻炼的就是抱着孩子从公园走回家。

当妈妈肯定要做出牺牲，但不是说让你放弃自己所有的兴趣爱好和抱负。回想一下，过去空闲时间都做过些什么，那时候，你对未来的自己又有怎样的期待？有没有参加过艺术画廊的开幕式，有没有在周五的晚上去听民谣音乐会？每周六有没有骑车 20 公里？试想一下，曾经那个梦想成为业界女领袖的你，是不是现在连竞选家长会会长一职的勇气都没有？过去有多少爱好和憧憬，在当妈妈后还幸存的？当然，随着年纪的增长，很自然地，我们想要的东西也会随之改变。但是，让当初的那些兴趣和激情永驻心中又有何妨呢？（这并不只是快乐职场妈妈的专利！）

防守底线：你想要做什么是很重要的，应该让大家了解。若是你腾不出时间来做，或是要做的事得不到家人、朋友的支持，又或者觉得每次只顾自己很愧疚，那么你需要自私一点，这也是我成为快乐妈妈的另一个秘诀。做一下第 102 页的测试题，看看什么是你的“绊脚石”。然后回头来看看有什么诀窍让你能自私一把。

## 自私一点

想必你也经历过这样的夜晚：你一整天都盘算着，腾出一点时间傍晚去散散步。然而黄昏将至，水槽里待洗的锅碗瓢盆对你发出呼唤，而不是告诉你“好好地去散个步吧”。它们似乎在说：“洗涤灵在哪儿？”这时候，老公瘫坐在沙发上，一副疲惫的样子（真佩服男人们坐在沙发上还能一副可怜兮兮的样子）。这时候，孩子们真希望有人能陪他们玩一会儿棋盘游戏。你很快就劝自己放弃了散步的念头。很多的妈妈都会这么做。

**辣妈心经**

“为了孩子未来有更好的生活，在很多事情上，我愿意牺牲。但有一件事我不愿放弃，那就是骑马。虽然短期内这件事还不能排上日程，但我会尽快找时间去骑马的。我一直酷爱骑马，希望有一天女儿也能学会！然后我们可以一起骑。”

## 快问快答

**妈妈，是什么妨碍你独享属于自己的时间？**

**有没有什么情况妨碍你做自己的事？下面的描述哪一项最符合你的情况，请勾选。看看通常妨碍我们的情况都有哪些。**

a. *我很想去上瑜伽课，但是觉得自己有责任每晚给孩子指导家庭作业。*

b. *要是能从照顾孩子、清扫房间、给家长会当志愿者、忙工作和陪老公中挤出时间刮一下腿毛，我都会觉得自己很走运，更不用提再看一会儿我自己喜欢的美容节目了。*

c. *做梦都想回到学校进修，可我要去上课了，就没人帮我带孩子啦。*

d. *每天早上起床都打算去晨练，可一睁眼就发现已经上午9点了。我一边就着凉牛奶吃白面包，一边看着电视真人秀《爸爸去哪儿》的重播，感叹时间都去哪里了？*

e. *上次我说我想创业，老公也说他想回到健身房去重塑20岁的肌肉。但是，哪一样都没有付诸实践。*

f. *我想去健身房，但预算紧张。我心想，要是因为我去健身房，而让孩子放弃了小莫奈绘画课，那三岁孩子的艺术天赋就从此夭折了呢。*

## 测验结果

**如果你的选择是 A 或者 F：** 请摆脱负罪感

孩子身着品牌童装，你一身行头却不怎么样，但没关系，毕竟买衣服的预算有限。你给每个人都盛好饭菜，最后自己坐下来吃的时候，才发现自己的那碗饭都快凉了，看上去就提不起什么胃口。一直以来，你都把孩子摆在首位，即便自己什么都没有，也无所谓。你已经练就了高明的烹饪技巧，能神不知鬼不觉地在孩子的意大利面和肉丸中多加些西葫芦，却还不知道怎么为自己调制称心的菜肴。

**如果你的选择是 B 或者 D：** 创造并享受自己的时光

梦想要做的事情很多，但“闲暇”时间屈指可数。不管你是渴望写出一本伟大的小说，还是希望有朝一日成为电视台读书节目的座上宾，正如我们在第一章说的，你最大的挑战，就是给自己腾出一些时间。

**如果你的选择是 C 或者 E：** 发出“求助”的信号

你缺少后援，需要人支持。告诉老公在家事上积极一些。再物色有没有后援部队支持你——看谁能在你练琴的时候，帮你照顾小孩，以防孩子在琴键上乱爬；或者谁能在你的马拉松跑到半程的时候，为你加油助威。

最后你的选择分属两个不同类别的几率很大，甚至三个类别可能都有。继续往下读，不管前方有什么困难，了解如何在自己身上投资。

## 辣妈心经

“直到去年夏天，我才发现自己在园艺方面的兴趣。刚开始，我选择种一些草本花卉，因为容易养活。小孩一睡，我就跑去花园看看。看到花园里的鲜花，我很高兴，因为这些不是从店里买来的，而是我自己种的。”

让你开始接受一个自私的自己会很难。首先要把握好度，看自己自私到什么样的程度是可以接受的。如果你是心怀愧疚地和朋友一起去看电影，肯定会看得心不在焉。

女士们，是时候给自己找个合适的理由啦。首先，让其他亲人来照顾孩子就当是你给予孩子和其他亲人一次难得的相处机会，算是赠予两人的一份礼物。就像你会和别人津津乐道你是如何和孩子单独相处的，孩子的爸爸、爷爷奶奶、外公外婆，都应该获得照顾孩子的机会。如果你去趟市中心听歌剧都会内心不安的话，可以这样考虑：孩子还小，未来的日子还这么长，这点时间算什么呢？一点都不多！而且让孩子学会自娱自乐也至关重要。孩子越大，他和朋友待在一起或是自己独处的时间也就理应增多。

同时，你也为孩子树立了一个很好的榜样。学会把“我”的时间放在首位，不管是去做运动，还是好好吃一顿，或是花上几小时作画、做手工、读书，让孩子看到这个时候的你是完整的你自己，而不是那个忙着为他们打包心形三明治午餐的女人。他们也会了解到关爱自己的重要性，将这种价值观传达给他们。有朝一日，等他们为人父母，也会以你为榜样。等孩子大一点，可以让他们渐渐地了解并融入你的兴趣爱好。比如，带他们一起去参加陶艺课或者一起去野营。

### 和时间赛跑

那些难以挥去的内疚感已经不会影响到你了，接下来该怎么偷闲给自己找乐子呢？照顾孩子，天天带着孩子跑，和做一份全职工作一样累。除了完成主妇的本职工作，你还要经常照顾孩子。要是单亲妈妈，那就更不容易了，繁重的体力活都没人搭把手。不管怎样，你要记住，你开心了，家人也跟着开心。

下次当你感叹“我真希望我有时间”的时候，想想我给你提供的这些诀窍，说不定它们就会派上用场。

# 想要健康必做的五件事

就像汽车不能没油，随便吃个夹花生酱的三明治，偷着睡上几个小时，你的身体也扛不住。为了保证健康的体魄、快乐的生活，以下五件事你必须要做。虽然看起来很容易，但妈妈们往往因为太忙而忘了做。

**记得睡觉**。建议固定作息时间，即便是比平常早睡10分钟也行。避免收看深夜的电视节目，上床之前把必要之事完成即可，其余的可以先放一边。如果孩子午睡打盹，你自己也可以睡一小觉，充充电。

**记得吃饭**。尽量在餐桌上用餐，也要囤积一些方便、健康的食品。比如坚果、干果、什锦杂果、燕麦片和香蕉。奶酪棒、酸奶和罐装果汁并不只是孩子的专利，你也可以买些吃。

**聆听身体发出的信号**。给自己预约体检。要是你觉得哪里疼、大小便有异、奇痒难忍、有肿块或者只是单纯的不舒服，要立马去看医生。

**记得洗手、再洗手**。整日咳个不停是没法享受生活的。要教孩子如何正确洗手，让他们知道这是必须遵守的家规。（在我们家，六岁的儿子很讲究，由他来监督大家）

**动起来！**已经安排了日常锻炼？那就保持住！没有固定的锻炼计划，则可以将身体锻炼融入到日常生活中：尽可能多步行；将车停在远处，多走一段路；多爬楼梯。后文中，针对拳击或芭蕾这样大家钟爱的运动，我们还会提供一些小妙招。

**辣妈新知**

超过60%的妈妈表示：

要是真能让她恢复生产前的身材，她会在街区裸跑，邻居们，注意啦！

——Parenting.com（育儿网）

一开始可以用日志记录每天的行程安排。（如果你会像第八章的91页的中提到的制订一个日常活动列表，那就只需在上面添加一些细节，将其拓展一下。）把这几天要做的每件事，以及什么时候做，详细记录下来（是的，这里包括给姐妹发信息，刷新邮件5532次）。只有知道时间都花在哪里，你才能一目了然，发现什么事情不必要做。不要让这些不必要的事霸占"属于我的"宝贵时间。想想什么事情可以不做，什么事情可以精简，以及什么事情可以安排别人来做。

拥有长达数小时的空闲时间，估计已经是过去式了。但是10分钟或者15分钟的空闲时间你还是有的，你可以用来做很多事。你不妨这样想，这一年不管你跑没跑步，有没有出去喝上一杯，这些空闲时间都会悄然逝去。这些时间你想怎么度过呢？

## 承诺行动起来

要是觉得事情难以开始，干脆问问自己：第一步该怎么做？万事开头难，也就意味着后面会越来越容易。现在就给公园管理部门打电话报名参加皮划艇课程学习，或者上网把你日思夜想的书买下来。不管你做些什么，都会觉得自己起码行动了，会感觉好很多。

**跟自己约定，立下目标就不能退缩逃避。就从这里起步开始。**

接下来，跟自己约定，立下目标就不能退缩逃避，就从这里起步。比如，要是下班回家宁愿陪孩子们窝在床上也不愿意折回去上太极课，这时要提醒自己，自己曾经和自己约定过的（写个支票兑现！）。几分钟时间能做很多事，所以，下决心先花10分钟或者15分钟来做你计划的事，如果觉得累了可以再放下。很可能你一开始了就停不下来，一小时眨眼就过去了，这会让你感觉很棒，很有成就感。

将活动常态化，能让这种势头一直保持下去。等车的时候可以听听下载的有声书。把你周二上烹饪课的计划纳入到家庭日程安排当中，然后放心地去上课。周六早上，第一件事就是做你的经济学作业。是的，这都需要你严于律己。但你越坚持，家人就越容易适应。很快，家人也会将其视作日常活动的一部分。你的另一半也不会在这个时候安排其他活动，与你产生冲突。你学习的时候，他可能会带着孩子出去吃甜甜圈（你以为我会说什么，去吃清蒸鱼吗？），为你创造了安静的学习环境。

如果你坚持不下去，问题可能是你很疲劳（靠喝咖啡过活，穿着暴走鞋到处找孩子确实会让人很疲惫）。想想看，能量是能产生连锁效应的。你越是活跃，就会感觉越快乐；越快乐，干劲就越足，就越容易把事情坚持下去。要真是觉得难以坚持，去看看医生，排除潜在的健康问题。像是在女性群体中常见的抑郁症状和甲状腺疾病。初为人母的妈妈尤其要注意避免患上产后抑郁。（请参见105页自我护理方面的技巧）

## 拉拢你的另一半

要是你很在意另一半的看法，而他却总是看不惯你晚上不在家，那么你去参加科幻小说的读书会，也不会玩得开心。要是他总是替你坚守岗位，你可以无拘无束地、经常性地外出参加活动，那他感觉不满也很正常。你们需要谈谈。谈话开始时，要先请另一半理解外出参加某项活动对你的重要性，让他知道你参加这项活动时有多快乐。如果他觉得家里日程本来就很紧，那就看看哪些事情可以简化，腾出时间，让你能参加活动。像团队合作那样，你们一起找到方法，尽量让你的“个人时间”不给家人造成压力。比如，你可以宣布每周最忙的晚上为“三明治之夜”，这天使用一次性餐盘，便于你清洁。问问另一半，他有没有兴趣配合你。做好规划，夫妻双方都可以享受自己的开心时光。（不要不认同他觉得有趣的事情。比如超级马里奥卡丁车，除了意大利，还有至少有23个国家认可它是真正的体育运动）

**辣妈心经**

“我有一辆两人座的红色马自达。我偶尔会把孩子交给丈夫照管，自己则打开天窗，开车出去兜兜风。”

# 驱赶无聊的五个诀窍

没办法，养孩子就是会被一大堆的琐事所烦扰，但你不能就此低头屈服。试试以下方法，把无聊的心情一扫而光。

1 **转移注意力**。在等待合唱团演出的间隙，可以一心两用，在读完《三联生活周刊》一整篇文章的同时，还能查看邮箱和微博。

2 **运动起来**。如果实在觉得动力不足，懒得锻炼，那就穿着运动服去睡觉，督促自己养成每天早上锻炼的习惯。

3 **学习新鲜事物**。掌握一门新技能或是学习新东西能给自己充电。可以找一些网络课程学习，试听几门课，或是加入一个兴趣爱好组。

4 **换个地方，换种心情**。出去透透气——可以改在后院用餐；在公园长凳上读书；出去骑行，或在本地当导游，用另一种眼光来欣赏自己居住的地方。

5 **心理暗示**。即便觉得无聊，也要假装自己很快乐。过不了多久，你的心情也会跟着由阴转晴。你表现出什么样子，就很可能真的变成那种样子。

## 寻求朋友帮忙

在第五章中，我们也提到过人际关系的重要性。但是“人际”不止于是个单纯的名词，它还是一个动词。人际关系是需要你去建立的，在寻求别人帮助时，要主动。具体方法如下：

**求人帮忙要直截了当。**“因为明年我想读研，所以要去大学修统计学课程。我的另一半会帮我负担费用，现在就缺个人帮我照顾孩子了。”

**要求要具体。**“从下周开始，每周二下午能照看我儿子两个小时吗？”

**可以互相帮助。**“每周五晚上我可以帮你看孩子，因为我老公那天要上晚班，而你们两口子可以去过二人世界了！”

**征求别人意见。**有时候，别人不一定能帮上忙。也要心怀感恩之心，问问别人。“我能理解你的难处，帮我想想，还有什么人能帮上忙呢？”

## 让梦想成真

你是不是做梦都想看场演出，即便不是王力宏的演出（但乐队里也有像吴彦祖一样帅气的人）；或者，只想安心洗个热水澡，不用担心没有热水？你的愿望很重要。人们很容易形成一种印象，妈妈们很少考虑自己的需求。但实际上，妈妈们更从容地享受自我时光，是给孩子和老公帮了大忙。快乐的妈妈会认为我快乐，家人才会快乐。家庭的幸福离不开我的幸福。即便我的世界都是在围着孩子转，但是期望他成为你的一切，也会给他们带来很大的压力。所以，将你的罪恶感抛在一边，让家人成为你的坚强后盾，行动起来。你会感觉精力更充沛，有你在的地方，也会有更多的欢笑，你会越来越爱上当妈妈的感觉。

**迈出第一步**

挑一个你以往的爱好，重新拾起来，计划第一步做什么，在日历上标出来。

# 10

## 提升“性福”指数

一个奶瓶引发了我的婚姻危机。那是凌晨三点钟左右，老公几小时前刚睡。我的二儿子才两个月大，我得24小时随时待命喂奶，所以刚睡才一个小时。

这时候两岁大的大儿子阿布走到卧房要喝水，嚷着要“水水”（喝水）。我睡眠严重不足，头脑昏昏沉沉地没听清他说什么。阿布一看没人回应，声音越来越大，床边连着的摇篮里小儿子动个不停，眼看就要被吵醒。以前，即便是隔着两间房的苍蝇在嗡嗡作响也能把他吵醒，我伸手拍拍他的背，生怕他醒来。阿布仍旧吵着要“水水！水水！！”

我轻声叫道:“老公。”回应我的是阵阵鼾声。我提高声量，催促地叫道：“老公。”还是没有回应。我伸过腿推了推他，还是一动不动。我大声叫道：“别睡了！”他还是继续打鼾，没有一点要醒的意思，这让我火冒三丈。我都累得快忘记自己姓甚名谁了，他还能安然入睡？他还能鼾声阵阵？

我深深地叹了口气，最后还是下了床，跺着脚愤愤地去厨房给孩子准备“水水”后，火速回到房间。这时候，阿布的央求声已经升级成号啕大哭。毫无疑问，把小儿子也吵醒啦。这时，我的怒火就像是沸腾的开水泡泡在胸中翻腾，提拎着奶嘴，绕到老公床那边，用奶瓶的塑料底“轻轻敲了一下”他的头。只有我才知道，那一瞬间绝对不只是轻轻敲了一下。只听到“啪”的一声响彻房间，他抱着头从床上跳起来，大声嚎叫，两个孩子一阵号啕大哭。

当时我也哭了，眼前立马浮现了电视、报纸上大肆报道“妻子用奶瓶殴打丈夫”的头条新闻。我觉得很难受。难道我真的对老公施暴了，尽管不是有意的？不过我确实很生气。当然，我不是故意为之，但是在内心深处我还是觉得他活该。

## 离婚又复婚

10年后，回想事发那个晚上，心情还是很沉重。对我们来说，悲剧才刚刚开始。短短一年多的时间，我们就分开了，最终以离婚收场。值得欣慰的是，几年后，我们和解了，并复婚重归于好。我们又有了孩子，自此以后一切都很顺利。（虽然时不时我还是很喜欢用东西敲他的头，当然不会是硬物）

这段记忆也让我隐隐作痛。尽管不是每个人都会经历类似这样的奶瓶暴力事件，但是我看到其他的妈妈也有着相同的经历。老公和我在卧室表现出的疲惫状态不是没有原因的。那些天我经常对他发火：气他不体谅我心力交瘁、不堪重负的心情；气他在我需要的时候没有伸手帮忙；气他不按我的吩咐做。老实说，我真没意识到自己在发脾气上耗费了那么多的时间。我只是希望他能让我开心。

在丈夫和我分开的那两年，我认识到婚姻关系中什么最重要，怎样才能维系好一段婚姻关系，防止再次破裂。我意识到绝大多数的人，本质上都是好人，好人和好人结为夫妻，也免不了有误解对方的时候。

孩子也是一种压力的来源。明白了这一点，即便遇到任何的困难也不会让我的生活脱离常轨。另外我还有一些经营婚姻生活的心得与大家分享。但在这之前，请做一下114页的测试题，反思一下你的婚姻关系，或许能从中获益，这也是我成为一个快乐辣妈的第十个秘诀。

## 快问快答

### 结果是好还是坏？

**测试一下你和另一半的默契度，或许你能从中受益。**

1. *当宝宝身上发出一股异味，狗狗在门口狂吠不止的时候，你能指望另一半出来帮忙吗？*
   - **a.** 毫无疑问，会自发地帮忙。
   - **b.** 最终，在你的催促下会来帮忙。
   - **c.** 除非你威胁要将他的“爱疯”手机扔进鱼缸，他才会帮忙。

2. *不可思议的是，才晚上八点，孩子们就乖乖就寝，留下你和另一半独处。半小时内，旁人会听到什么声音？*
   - **a.** 滚床单的声音。
   - **b.** 电视声。
   - **c.** 鼾声。

3. *夫妻共处的时间对你来说有多重要？*
   - **a.** 像是吃饭、喝水、洗澡一样，必不可少。
   - **b.** 是一种偶尔为之的消遣，像一觉睡足六小时那样。
   - **c.** 重要程度类似于给车子表板上光蜡。

4. *孩子未经允许偷偷地玩游戏被你逮个正着，惩罚他一个星期禁止玩游戏，你的另一半会怎么做：*
   - **a.** 尽管他认为你的处罚有些严苛，还是会和你保持同一阵线。
   - **b.** 你不在家的时候偷着让孩子玩。（“但是不要告诉妈妈！”）
   - **c.** 根本就不知道有这么回事。

**5.** *你们吵架一般都如何收场?*

**a.** 双方轮番说“对不起!”“不，是我的错!”，过后两人一阵你侬我侬，重归于好。

**b.** 吵架后冷战几个小时或是几天，最后等大家冷静下来，互相道歉，和好如初。

**c.** 仍旧无法和解。即便是对一年前他说的气话，你还是念念不忘，爱翻旧账。

## 测试结果

### 多数选 A 的属于：蜜月型夫妻

此类夫妻双方还在用昵称称呼对方，不是吗？要么就是你们上周才刚在一起，要么你很用心地在经营你们的关系。

### 多数选 B 的属于：轻松的伙伴型夫妻

你们能和平共处，但比起和老公在一起，《来自星星的你》的吸引力更大（大家都知道，为了韩剧，你可是愿意放老公鸽子的人）。不用担心，每段关系都会有些波折，我们有绝招帮你们修复。

### 多数选 C 的属于：室友型夫妻

每段夫妻关系都会经历低潮期，但是此类型的夫妻关系脉相极弱，不过还不到宣布死亡的时候。即便在经历深度冷战的夫妻，只要他们有心，关系也一定会改善。请往下阅读。

## 辣妈心经

“不让老公插手带儿子，我很难接受。但如果让老公带儿子，起床后就会给孩子穿错衣服，早餐给孩子吃凉馅饼。你只要记住：一天下来，大人小孩都安然无恙，那就行！”

## 把握尺度

如果你曾经有过参加完闺蜜聚会回家看到孩子还没洗澡，就寝时间晚了一个小时，还穿着沾满意大利面酱的脏衣服到处乱跑的经历，那么你该好好地读读这一部分。确实，妻子在家里的形象总是忙里忙外，而丈夫在家则总是一副泰然处之，悠闲地看着 DVD 的形象。虽然这是一种刻板的印象，但对许多的家庭来说，这的确是令人忧心的事实。

多项研究表明，即便妻子整天在外工作，回到家，大部分的家务还是由妻子承揽。那些出门跨过成堆的运动鞋视而不见的丈夫，估计都是在家不怎么干家务的。为什么这些男人都没有一点自觉意识呢？看待这个问题不要太情绪化。另一半不干家务并不代表他懒得做，或是不体谅你。他可能很想帮忙，但不知道你想让他怎么做。不管是对孩子就寝的时间（孩子是 12 点之前上床睡觉就行？搞定！），还是地板的清洁程度（没有泥巴脚印就行？好吧！），他的理解和你的截然不同。

当然，你并不是要去做一个家政女仆，或是为家务牺牲的烈士。（无论做哪个都不能为你带来太多的快乐！）你和爱人需要在照料孩子和料理家务的工作量上有一个清楚的认识，协商好如何分工合作。最好对一些基本的事项达成共识，比如：厨房该如何清洁，或是孩子看上去不能像是从黑煤窑里逃出来的童工一样。

## 分工合作

在前几章中，我曾建议你跟踪事情的发展，此处也建议你做一些“市场调研”，相信会有所收获。尝试将每周要做的家务列个清单，将每件事要花多长时间做个估算。不要忘记把预约剪发、规划出游以及找水管工这些工作列入其中，因为这些事情往往花时间却又不易“察觉”。另外，那些应该做，当下却放置一旁的事情，比如赛马，也应该要列入其中。

# 当妈妈了，还有心情去爱吗？

《父母》杂志的主编们对1000多名职场妈妈进行了调查，听到了妈妈们对她们的婚姻状态的一些怨言。下面就是他们收集的妈妈心声：

- 和美的爱情生活是一个妈妈最重要的幸福来源。

- 然而，在接受调查的妈妈中，有39%的妈妈对自己的感情生活不满意。

- 只有35%的妈妈对她们的性生活感到满意。另外，37%的妈妈则表示，虽然夫妻关系仍然亲密，但性生活不如以前那样频繁。14%的妈妈觉得现在的夫妻关系更像是室友而不是情侣。让人伤心的是，7%的妈妈承认自己的婚姻生活不和谐（其中包括性生活）。

- 在有一个或两个孩子的妈妈当中，44%的妈妈反映，不论是做家务或是带孩子，另一半通常不能表现出足够的主动性。在拥有三个或是三个以上孩子的妈妈当中，这个比例上升到了54%。

千万不要因此举手投降，去烧香拜佛也毫无用处。在容易引发夫妻问题的领域多下功夫，能将你们日益冷淡的夫妻关系带向完满。

**辣妈新知**

大多数的妈妈还是很爱自己的丈夫，但有 42% 的妈妈说，其实和丈夫分开睡的时候，她们的睡眠质量更好。

——Parenting.com（育儿网）

某天你惊讶地发现，抽油烟机的开关被修好了。说不定，另一半私下做了很多家务，你可能都没有意识到，像是家里的电子产品都是他在做及时的免费维护。如果你感到不满、委屈，那么想想丈夫给家里做的贡献，可能你的心情会舒畅一些。如果你的直觉没错，即便是你一周要花上 40 个小时的时间整理家务，而丈夫只会时不时洗个碗，你也不要将这本书往他身上扔（不要指望他会给你捡起来）。或许他和你一样觉得不公平，不明白为何你待他如此刻薄。

遇到这种情况，解决的办法就是每周找一件事，大家一起来完成。比如：这周他负责给孩子穿衣，你给孩子做饭。要记住对丈夫的努力给予肯定。（这种强化不止对小孩和狗狗适用，对老公也一样）牢记，公平不意味着一定要五五分。应该是根据每天不同的情况，你的工作量可以适当增减。重要的是，夫妻双方要达成共识，维持好这个家，欣赏对方为家庭所做的努力，尽好自己的本分。

**任何时候如果觉得自己需要一些调整，要直接告诉另一半，不要给什么暗示，不要唉声叹气或是拐弯抹角。**

任何时候如果觉得自己需要一些调整，要直接告诉另一半，不要给什么暗示，不要唉声叹气或是拐弯抹角。我想你选老公绝不是因为他有什么通灵的本事，而是因为他的幽默感或是觉得他机灵活泼。你不说，他也猜不出来，因为他不是你肚子里的蛔虫。

## 理财观念

当你烧钱把可爱的巴宝莉格子伞和与其搭配的雨靴收入囊中的时候，你的丈夫是不是在存钱以备不时之需？每个人的金钱观都不一样，相应的，他在消费上的情感偏好也不一样。

因此，夫妻为钱吵架也不足为奇。事实上，最近一项研究表明，夫妻在钱的问题上争吵越多，分开的概率就越大。

事实上，钱这个议题很复杂，此书篇幅有限，不能言尽。夫妻为钱争吵常常能反映一个家庭到底谁主内、谁主外。到底是谁往家买的生活必需品比较多，还是在家带孩子比较多？不管谁挣得多，夫妻双方对家庭理财都有权利和义务。如果你无法一下子建立你的家庭理财观念，那么我鼓励你从细节先学起。如果出现财务问题，可以先从自身的财务状况找原因，或是请求专业的理财师就具体的问题释疑解惑。

谈到钱和和谐的夫妻关系，最重要的就是聆听，尤其要注重情感的交流。建立一个让双方都满意的理财机制，包括共同使用分享数据表格、统一账单的支付日期或是对每周的财务状况进行回顾，都能减少夫妻间的摩擦。我还建议，夫妻双方都拥有适当的零钱可以自行支配。这样，只把主要精力放在大项开支上，像是儿子的牙齿矫正费用（哎哟！），不用将每项开支都列入审核范围。

## 保持亲密

还记得上次夫妻恩爱把床单滚得乱糟糟，而不是孩子在你们床上筑堡垒捣乱是什么时候吗？对许多妈妈来说，升级当妈后，性生活已成为过去式——我的意思是，性生活远不在日程计划上。产后荷尔蒙分泌和母乳喂养让妈妈的性趣大减。累的时候，滚床单远没有睡一个好觉来得重要。有时候是这样，但没关系。

我敢保证爸爸绝对不会这么想。另一半想滚床单的时候，还是要适当地妥协。在衣帽间激战一番也无妨，或是比另一半早醒几分钟，用他最喜欢的方式叫醒他，给他一个惊喜。

### 辣妈心经

“结婚十四年半，我对浪漫一词有了新的认识。如今在我看来，丈夫半夜照料生病的孩子是一种浪漫；洗碗、在垃圾还没溢满的时候及时扔出去是一种浪漫；主动做饭是一种浪漫。此外，让我周六睡个昏天暗地，也会让我觉得很贴心。”

# 另一半能得分胜出呢，还是会出局？

今晚老公争取到性福的概率有多大？看看以下几点他能得几分，能不能争取成功地和你滚床单。

**1.** 他会说，“谢谢你的晚餐”。

**2.** 他会收拾餐桌，洗碗。

**3.** 你认为孩子才九岁，不适合看《吸血鬼日记》，他举双手赞同。

**4.** 他会给女儿洗澡，陪她玩培乐多和乐高，捣鼓她的头发。

**5.** 用妙趣横生的办法回答孩子关于“孩子是怎么造出来”的问题。

**6.** 他找来一部当下的热门电影，准备待会儿一起享受两人世界。

以下几点，要是你的丈夫一旦中招，就要丢分啦。那今晚他可不走运啦，注定要自己睡地板哦：

**1.** 他看到沙发前的玩具也不捡，无视跨过。

**2.** 他喝着啤酒，手拿遥控器，坐在沙发上看电视。

**3.** 他已经知道比赛结果，还在看提前录好的足球赛。

**4.** 孩子的睡衣出生至今一直都放在最上层的抽屉，他竟然找不到。

**5.** 他已经第十次缺席超市采购了。

**6.** 他倒在沙发上酣睡，鼾声阵阵。

某个晚上，如果你实在是不情愿和他亲热而让他很沮丧，也可以妥协一回，给他一个机会。

要是想去约会，却弄不到热门话剧的门票，不要觉得倒霉。的确，情感专家倡导夫妻定期约会，增进感情。但你去约会了，谁来看孩子？谁给孩子冲牛奶？又是谁去接送参加舞蹈培训的孩子呢？是这些专家吗？不是吧？如果你没有时间，没有意愿或者闲钱出去约会，可以考虑不用出门就能增进夫妻感情的方法。比如，我和老公会租一些DVD光盘，等孩子们都睡了，一起观看。

要是运气好，遇到出去共度良宵的机会，可以尝试一些新鲜的事物。如今的专家认为，体验新事物能重燃你们的爱火。尝试一些不同的事物，借此机会让你们的感情升温。虽然共进晚餐后去看场电影是个不错的选择，但这还不够触发你们对爱情的迅速体验。可以改变行程去滑冰，一起去学交际舞或是换一家新的餐厅用餐——任何新鲜刺激的事物，只要你们喜欢，都可以尝试一下，能让你们重燃爱的火花。

## 学会原谅和放下

你要是老翻旧账，对上个月吵架的事情念念不忘，这就谈不上是释怀。丈夫某天离家时忘了把狗关进狗笼，沙发椅被狗爪子刨得尽是木屑，你把这当做他的把柄，一直耿耿于怀。即便你再也没有旧事重提，只是放在心里慢慢让它发酵，也肯定会影响你和另一半相处。对方的一些小过失也会让你反应过激——比如，老公工作废寝忘食，回家吃饭晚了15分钟，你眼里就只有吃饭姗姗来迟这件事，而忘记了那晚随后的三小时是多么愉快的时光。

我不是劝你逃避：如果婚姻中出现重大危机，像是吸毒、

**辣妈心经**

“我们给别人家看孩子的事先缓缓，省下时间出去约个会。每个月都应该安排一两次约会，呼吸一下自由的空气。”

**辣妈心经**

“育儿和经营婚姻都不容易。需要你付出耐心、学会尊重、关爱对方、懂得自制。时至今日，在这个过程中，你学到的经验也赋予了它们更多的内涵。”

出轨、家庭暴力或是让人觉得极为荒谬的事，应该正面加以解决而不是藏着掖着，避而不谈。但大部分时候，人犯错应该得到原谅，毕竟人无完人。

日常摩擦一旦得以解决，夫妻相互谅解后，就应该把旧事扔进回收站。一些人总是觉得另一半远不如自己好，一旦吵架，就随时把这枚手榴弹掷出去。总是揭旧伤，不管是对你还是你们的夫妻关系，都没有一点好处。让过去的真正过去，关键还是看你自己。如果实在是难以释怀，可以等你们都冷静下来，再抽空好好谈谈。

既然我们在讨论如何原谅和放下这个话题，那么不妨多讲一些夫妻相处之道的诀窍：关于道歉的艺术。争吵的时候，你是不是发现自己总是坚持己见，据理力争，或是即使是觉得自己错了，也会认为对方错得更离谱？有时候，一个简单的道歉虽然让你感觉没了气势，反而会收到意想不到的效果。道歉的收获远比坚持己见来得更有意义。

**有时候，一个简单的道歉虽然让你感觉没了气势，却也会收到意想不到的效果。道歉的收获远比坚持己见来得更有意义。**

谦卑一些，摒弃一定要“争赢”的想法。如果你的道歉听起来很空洞，那好好想想为什么道歉，诚恳一些。如果你并不觉得自己的行为或观点有错，那就不要假装去道歉。你倒是可以为这件事造成的紧张关系表示诚挚的歉意。

## 学会让自己快乐

在我结婚初期，婚姻还是1.0版本的时候，我总是等着丈夫来逗我开心，这应该是我在婚姻中犯下的一个很大的错误。不管是社交生活、金钱上的安全感，或是想不带孩子休息一下，我处处都希望老公能将快乐“带”给我（买好乐团的演出票，找份高薪工作，或是主动带孩子出门，让我能偷个闲）。花了好一阵子，我才明白，即便老公很健谈，也很会赚钱，是个有能力的爸爸，但他也不能回回都猜中我的心思。在这个世界上，老公是我最亲密的人，但并不意味着他时时都能让我满意。同样，我也做不到时时令他满意。

花了很长一段时间，我才明白，如果我想要什么就应该自己去争取。至少，不要兜圈子，直接问。如果想和他聊 18 世纪文学，就去参加一个读书会。如果想睡会儿，不要频频打哈欠，期望老公能心领神会，而干脆把孩子交给他，自己去睡觉。

## 不要过早言弃

经营婚姻的秘诀中有一个共同的特点，就是乐于尝试。许多有孩子的家庭，婚姻关系岌岌可危。随手把小孩的围嘴一扔这样简单的动作都可能让你的婚姻破裂。在我看来，有些夫妻分开，对彼此更好一些。但你要牢记：一旦分开，以后仍需要找个伴侣把小孩抚养成人。当个单亲妈妈绝不是什么轻松的事情。

我们毕竟是人，有时相互伤害也在所难免。记住我的话：学会原谅，不论什么时候都存续这份宽容之心。即便是你们去超市买牛奶，最后其他东西都带回来就是忘了牛奶（又来了！）也要心存宽容之心，想着他的好，想着他有多爱和孩子玩，或是每周六做好早餐等你起床这些优点，让你们的关系越坚固，你们就会越幸福。

迈出第一步

如果夫妻之间出现摩擦，可以尝试见面和告别的时候，亲吻对方说“你好”或“再见”。让这种问候语变成一种仪式。

编后语

# 向着幸福出发

1997年，我二十岁的时候有了第一个孩子。那时候还没有“亲子博客”这种词。我的大儿子名叫阿布，他性格随和，带他的时候也很愉快。但是，差不多两年后我有了第二个儿子小克，他更加活泼多动，这也打破了原有的秩序。由于我丈夫工作上的需要，我们搬了家。我发现我要花上大把的时间陪蹒跚学步的大儿子玩，哄小儿子睡觉。当时，我们住在明尼苏达州一个三层的公寓里，离亲戚朋友们都很远。一到冬天，天寒地冻。我提过当时我们是住在明尼苏达州的吧？

既无聊又孤单的我只好把精力都集中在照顾孩子这一高强度的工作上，将多出来的浴室改造成一个真正的华德福（华德福教育为一种完整的教育体系）教室，还要自己烤面包。只要是醒着，我就一直在考虑着孩子们的事，担心一旦哪个决定做错了会影响他们的未来。例如，不经意给他们喝了添加了五号红色染色剂的“果汁饮料”，而不是纯果汁。

有那么一年可是惨透了，我几乎没时间反思自己。毫无意外地，生活令我筋疲力尽、焦虑忐忑、郁郁寡欢。此外，婚姻的状况比室外的天气还要糟糕。2000年夏天，我和丈夫分居了，一年多后我们就离婚了（神奇的是几年后我们复了婚，又生了三个孩子，详情请看第十章）。

在一段时间之内，成为一个单身妈妈的悲壮感居然让我树立起了前所未有的信心，比起一个“婚姻状况糟透了的绝望主妇”，那时的我更决断、更能把握生活。与担心孩子们穿的衣服是否是有机棉质的相比，我更担心他们吃得是否健康。就是这样，我依然做出了以前想也没有想过的决定，送孩子们去日托所，给他们吃盒饭！虽然如此，他们都很好。

在照顾孩子的过程中我变得越来越心平气和，就像我的母亲当初抚养我们兄弟姐妹四人时那样，我变得更加快乐了。我开始真正享受和孩子们在一起的时光了，而不是把他们当做我的人生使命。当然，我还是有标准的。例如，偶尔允许他们喝苏打水，但是绝对不许他们喝碳酸饮料（嘿，我并不是说我的标准总是有逻辑的），但是这些标准对我来说很重要，不管别人怎么想。

以前我把照顾孩子的工作看做是繁琐的负担，是“世上最难的事”，后来我开始把照顾孩子的过程看成是一种每天都在发生变化的关系。做母亲有时候让你感觉自己很伟大，有时候让你抓狂。但是，总的来说我是一个幸福的妈妈。

**我是乐天派。我知道当妈妈不是件容易的事，但是我想妈妈们可以也应该是幸福快乐的。**

自从我有了自己的孩子以来，针对妈妈们的媒体得到了长足的发展。像我一样的妈妈们最初通过论坛后来是博客，在网上可以抒发心声交流心得，什么疝气、哭闹、痉挛、各种体液无所不谈。大多数情况下，这是个好事。那个时候，关于怎么做好妈妈的书籍和博客通篇都是“清醒”和“生存”诸如此类的话，对“幸福”和“喜悦”则是轻描淡写。读得越多，我就越怀疑我们是不是现实得忘记了为人父母好的一面。

我是乐天派。我知道为人母并非易事，会让人沮丧也会让人筋疲力尽，但是我认为妈妈们既可以也应该是幸福快乐的。我想让妈妈们知道快快乐乐地为人母不是不可能的。我希望通过分享我自己从危机走向满足的经历来鼓励其他妈妈们也做到和我一样满足快乐。

这也是一个自我发现的过程。我了解到了什么让我高效有序（每日的练习和安静的时间，好！），什么让我抓狂（乱七八糟的桌子和呜嗷喊叫的孩子，不好！）我还听取了其他妈妈们快乐和烦恼的原因。我和我的读者朋友们已经踏上了新的旅程，去探索让妈妈们变得更加积极和满足的方法——不仅是为了我们自己，也是为了我们的家人。

我的博客记录了这个旅程中每天发生的事情。在我开始寻找每个妈妈都能做到的使生活更加轻松，更加愉快的方法同时，我希望和更多人一起分享这些妙招。在同《父母》杂志的各位编辑合作下，这一愿望终于实现了。我们共同搜集了最有帮助、切实可行的建议，并结合了《父母》杂志对妈妈们真实感受所做的研究以及来自亲子网站（Parenting.com）上数十万妈妈们的观点，从而编撰成本书。

我知道你可能已经忙得不可开交了，最不想做的事就是在必做之事的单子上再添加一项。（“幸福吗？当然，整理完碗柜我就来说说这个。”）我希望这本书能鼓励你去尝试一些会简化生活、减压的方法。最起码，我希望本书当中引用的积极事例能让你知道你并不孤单，知道你做的事已经很了不起了。仅仅是知道这个，我相信也会让你更开心的。

Meagan Francis
梅根·弗朗西斯

# 写下你自己的幸福结局

你可以想象一下，在空白处随意写下任何让人意想不到的事，给自己留言。如果最后就剩咖啡和巧克力渍可说的话，你就没什么可担心的了。这些留白是给你的，请随意写下你想写的，任何东西都可以！有一天，儿女长大了，可以把这本书送给他们做为“嫁妆”——要知道，这可是“绝版”的“辣妈心记”！

# 鸣谢

首先，十分感谢我的编辑伊丽莎白·多尔蒂对本书的信任，感谢她同韦尔登·欧文公司以及《父母》杂志的精英团队竭诚合作，使本书得以与各位读者见面。感谢《父母》杂志的伊丽莎白·安妮·肖的支持和德博拉·斯科尼克编辑的幽默文字。同时，感谢安吉拉·威廉姆斯的精心设计。

感谢我的作者组。你们比一件好的哺乳内衣更贴心，更给力。

每个妈妈都需要属于自己的亲友团。感谢那些鼓励我，帮我带孩子让我腾出时间写作的亲戚朋友，她们是幸福妈妈楷模，她们通过与我分享费劲去博物馆的经历和化掉的甜甜圈（我指的是孩子们），让照顾孩子的工作变得更为有趣。

感谢妈妈博客圈和雅博斯特一家，自从我想成为用天然放养牦牛毛织婴儿尿布的完美妈妈起他们就一直陪伴在我左右。在我改为使用传统牦牛毛后依然对我不离不弃，对此我表示由衷的感谢。

感谢从未将为人父母之责视为负担的妈妈爸爸们，即便是为人父母有时的确不是件容易的事。

感谢替我去商店购物的琼，有时候如果我改变的主意，她还要再替我去一次。

感谢阿布、小克、小威、文文和拉拉给了我五个每天幸福快乐的理由。

## 图书在版编目（CIP）数据

辣妈心计：成为幸福妈咪的10个秘密 / (美) 弗朗西斯著；子羿，大星译. -- 石家庄：河北科学技术出版社，2014.7

ISBN 978-7-5375-7007-7

Ⅰ. ①辣… Ⅱ. ①弗… ②子… ③大… Ⅲ. ①母亲－职业－应用心理学 Ⅳ. ①C913.2

中国版本图书馆CIP数据核字(2014)第120217号



# 辣妈心计：
## 成为幸福妈咪的10个秘密

[美] 梅根·弗朗西斯 著 于羿 大星 译

出版发行：河北出版传媒集团
河北科学技术出版社
地 址：河北省石家庄市友谊北大街330号
邮 编：050061
印 刷：北京华联印刷有限公司
开 本：880x1230 1/32
印 张：4.5
字 数：160千
版 次：2014年11月第1版
2014年11月第1次印刷
定 价：29.80元